# 스크래치야!
# 과학이랑 놀자

**3.0**

**과학의 기본 개념과 소프트웨어 교육을 한 번에!**

YoungJin.com **Y.**
영진닷컴

# 스크래치야!
# 과학이랑 놀자 3.0

ISBN : 978-89-314-6141-1

**독자님의 의견을 받습니다.**

이 책을 구입한 독자님은 영진닷컴의 가장 중요한 비평가이자 조언가입니다. 저희 책의 장점과 문제점이 무엇인지, 어떤 책이 출판되기를 바라는지, 책을 더욱 알차게 꾸밀 수 있는 아이디어가 있으면 팩스나 이메일, 또는 우편으로 연락주시기 바랍니다. 의견을 주실 때에는 책 제목 및 독자님의 성함과 연락처(전화번호나 이메일)를 꼭 남겨 주시기 바랍니다. 독자님의 의견에 대해 바로 답변을 드리고, 또 독자님의 의견을 다음 책에 충분히 반영하도록 늘 노력하겠습니다.

파본이나 잘못된 도서는 구입처에서 교환 및 환불해드립니다.

**이메일** : support@youngjin.com
**주  소** : (우)08505 서울시 금천구 가산디지털2로 123 월드메르디앙벤처센터2차 10층 1016호
          (주) 영진닷컴 기획1팀

**STAFF**

**저자** 김미의, 김현정, 이미향 | **책임** 김태경 | **진행** 정소현
**표지** 지화경 | **디자인 및 편집** 프롬디자인 | **영업** 박준용, 임용수
**마케팅** 이승희, 김근주, 조민영, 김예진, 이은정 | **제작** 황장협 | **인쇄** 예림인쇄

## '과학'과 '스크래치' 교육 두 마리 토끼잡기

### 1. 코딩을 가르치는 것이 아니라 스스로 경험하게 합니다.

블록의 기능만을 익히도록 가르치는 것이 아니라 학생들이 배우고 있는 과학교과와 코딩이 적용된 부분을 직접 발견하고 체험 할 수 있습니다.

### 2. 서술적인 지식을 명령하는 지식으로 실행하게 합니다.

교과서에서 배우는 서술적인 지식을 코딩을 이용하여 명령하는 지식으로 학생 스스로가 발전시켜 직접 경험을 통해 이해력을 향상 시킬 수 있습니다.

### 3. 컴퓨팅적 사고를 하는 창의적인 융합형 인재를 양성합니다.

문제가 주어졌을 때 스스로 논리적으로 생각하는 컴퓨팅적 사고를 통해 창의적으로 문제를 해결해나가는 습관을 기를 수 있습니다.

### 4. 게이머가 아닌 개발자와 CEO가 되는 꿈을 꾸게 합니다.

대부분의 학생들이 게임을 사용자 입장에서 소비하는데 우리는 사용자를 넘어 개발자로 더 나아가 빌게이츠, 스티브 잡스, 저커버그와 같은 기업의 CEO를 꿈을 꾸게 합니다.

이 책을 통해 과학과 스크래치로 누구나 쉽고 재미있게 프로그래밍의 개념을 익히고, 생각의 영역을 확장하여 창의적이고 논리적인 사고 능력으로 큰 꿈을 꾸기를 바랍니다.

## 저자소개

**김미의**
- 초등학교 특기적성 코딩 강사
- SW선도학교 영재학급 코딩 강사
- 초등학교 특기적성 컴퓨터 강사
- (전)코딩아카데미 영재교육 강사
- (전)용인대학교 ITQ자격증 외부강사
- 안랩샘 아카데미 1기 수료(코딩 심화과정)

**김현정**
- 초등학교 특기적성 코딩 강사
- 로봇코딩 강사
- (전)프로그래머 - 금융계 CRM센터 구축 프로젝트 개발
- 안랩샘 아카데미 1기 수료(코딩 심화과정)
- 안랩샘 아카데미 2기 수료(파이썬 강사양성과정)

**이미향**
- 아세아연합신학대학교 미디어선교학 겸임 교수
- 숭실대학교 미디어 공학 박사
- 빅스마일 & 주니어 CEO 코딩클럽 대표
- 보드게임코딩 지도사 자격증 개발 및 강사
- 안랩샘 아카데미 5기 강사(앱 인벤터)
- 안랩샘 아카데미 1기 수료(코딩 심화과정)

# 차 · 례

# SECTION 01

# 스크래치 3.0 소개하기

스크래치는 2019년 2.0 버전( )에서 3.0 버전( )으로 업그레이드되었습니다. 달라진 점과 새로 추가된 부분을 살펴봅시다.

## POINT 01 | 스크래치 3.0 개발 환경

스크래치 3.0 버전부터는 인터넷 익스플로러( )를 지원하지 않습니다. 현재 구글 크롬( ), 모질라 화이어폭스( ), 마이크로소프트 엣지( ), 사파리( )에서만 지원합니다.

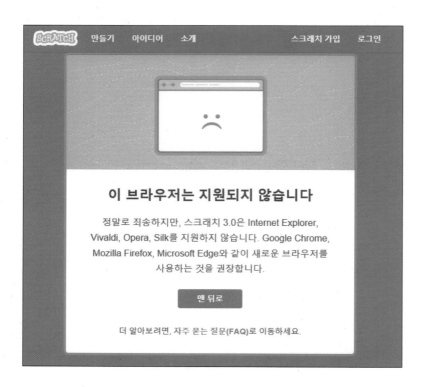

## POINT 02 스마트폰 실행

3.0 버전은 스마트폰에서 실행이 가능합니다.

## POINT 03 사용자 환경

### ❶ 디자인 변경

무대 영역과 블록 팔레트 영역, 스프라이트 영역의 위치와 디자인이 변경되었습니다.

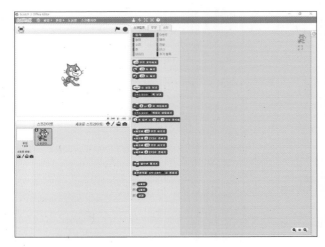

▲ 스크래치 2.0 버전

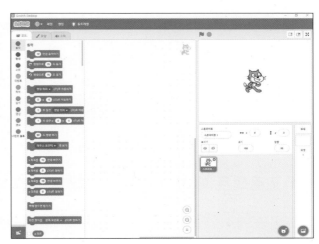

▲ 스크래치 3.0 버전(스크래치 데스크탑)

## ❷ 스크롤로 블록 탭 이동

2.0 버전에서는 [스크립트] 탭에서 해당 팔레트를 클릭해야만 블록들 선택 가능했지만, 3.0 버전에서는 [코드] 탭에서 해당 팔레트를 클릭하거나 마우스로 스크롤하면 다른 팔레트의 블록들도 선택 가능하도록 변경되었습니다.

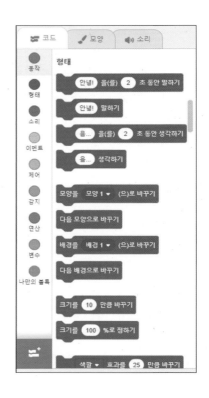

## ❸ 스프라이트의 정보

스프라이트를 선택만 하면 바로 정보(위치, 크기, 방향, 이름, 보이기 여부)를 볼 수 있는 정보창이 고정되어 있어 [코드] 없이도 스프라이트의 정보를 간단하게 수정이 가능합니다.

## ❹ 프로젝트 페이지에서의 드래그 변경 방법

2.0 버전에서는 스프라이트 정보에서 체크로 허용했던 드래그 기능을 3.0 버전에서는 감지 팔레트의 블록으로만 변경할 수 있도록 변경되었습니다.

▲ 스크래치 2.0 버전

▲ 스크래치 3.0 버전(스크래치 데스크탑)

## POINT 04 튜토리얼 기능 강화

2.0 버전에 있었던 튜토리얼(예제 따라하기)에 비해 쉽게 접근할 수 있도록 메뉴바 상단에 따로 메뉴가 추가되었습니다. 또한, 영어로만 지원되었던 음성은 여전히 영어만 제공되지만, 자막 설명이 다양한 언어로 추가되었습니다.

아직 한국어는 자막도 지원되지 않고, 영상에 나오는 블록은 영어만 지원합니다. 튜토리얼의 비디오 재생 중에도 블록 편집이 가능하여 학습자가 속도를 맞춰 따라할 수 있습니다.

## POINT 05 상단바의 메뉴 변경

### ❶ 로그인 안 했을 경우

### ❷ 로그인 했을 경우

2.0 버전에 있던 스프라이트 [확대/축소/복사/삭제] 버튼이 없어졌습니다.


## POINT 06 공유 기능

2.0 버전은 오프라인 에디터에서 바로 온라인 공유가 가능했으나, 3.0 버전에서는 이것이 아직 불가능합니다. 공유를 원하는 경우 오프라인 에디터에서 작성한 프로젝트를 온라인의 자기 계정에 로그인하고, 업로드한 후 공유를 할 수 있습니다.

## POINT 07 　 스프라이트 / 배경 추가

### ❶ [서프라이즈] 버튼

[스프라이트]와 [배경]에 추가된 버튼으로
스크래치가 가지고 있는 [스프라이트] 또
는 [배경]을 임의로 정하는 기능이 추가되
었습니다.

### ❷ 스프라이트 다양화

다양한 스프라이트가 추가되었습니다.
3.0 버전에서는 "스프라이트 고르기"에서
마우스를 올리면 해당 스프라이트가 가지
고 있는 모든 모양의 이미지를 움직임으
로 보여주는 미리보기 기능이 추가되었습
니다.

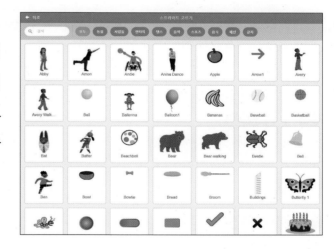

### ❸ 배경 다양화

다양한 배경이 추가되었습니다. 색다른 스
타일의 배경 추가로 프로젝트의 다양성이
확대되었습니다.

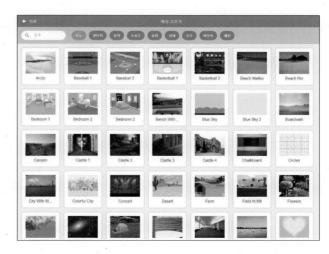

[코드] 탭 왼쪽 하단의 [확장 기능 추가하기(■)] 버튼을 클릭하면 다양한 확장 기능을 추가로 선택할 수 있습니다.

## ❶ 2.0 버전

[소리] 팔레트에 음악과 소리에 관련된 모든 기능이 있습니다.

## ❷ 3.0 버전

① [소리] 팔레트에는 기본적인 기능만 있고, [확장 기능 추가하기]를 통하여 음악과 연관된 블록들을 가져올 수 있게 변경되었습니다.

② [펜] 팔레트가 없어지고, [확장 기능 추가하기]를 통하여 [펜] 블록들을 가져옵니다.

③ [비디오 감지] : [감지]에 있던 비디오 기능을 추가 기능으로 변경되었습니다.

④ [텍스트 음성 변화(TTS)] : 텍스트를 읽어주는 기능으로 선택한 언어로 입력해야 합니다.

⑤ [번역] : 텍스트를 여러 언어로 번역하는 기능입니다.

⑥ [그 밖에 피지컬 연동] : 피지컬 컴퓨팅을 연동할 수 있는 기능이 추가되었습니다.

# POINT 09 스프라이트의 [모양] 탭 기능 추가

## ❶ 스프라이트의 부분 변경 가능

스프라이트의 필요한 부분만 선택하여 크기와 색깔, 각도 등을 변경할 수 있습니다.

## ❷ 한글 지원

영어만 지원하던 [T] 버튼의 기능에 한국어 외 몇 개의 언어가 추가로 지원됩니다.

## ❸ 스프라이트의 중심 설정 방법

이전 버전과 달리 스프라이트 3.0 버전에서는 [모양] 탭 - [설정 화면]에 있는 "모양 중심 포인트(⊕)"에 스프라이트를 옮겨서 설정합니다. 이때, [선택] 버튼을 눌러 스프라이트의 전체를 선택한 후 "모양 중심 포인트"로 이동해야 합니다.

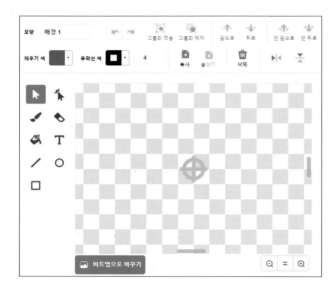
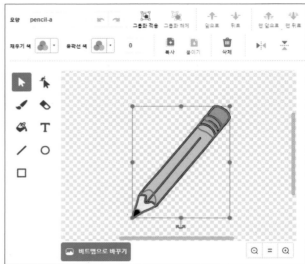

중심 설정을 스프라이트의 원하는 지점에 옮긴 경우와 가운데(기본)에 중심 설정이 되어 있는 경우를 비교해봅니다.

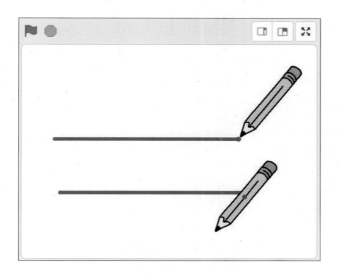

## POINT 10 소리 기능 추가

### ❶ 소리 편집 다양화

불러온 소리에 대한 편집 기능이 다양해지고, [서프라이즈] 메뉴 추가로 임의의 소리를
선택하는 기능이 추가되었습니다.

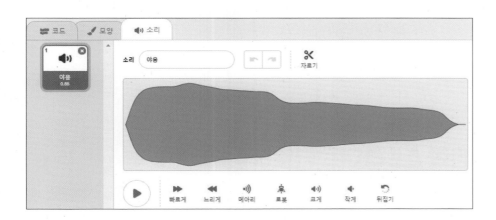

## ❷ 삭제 소리 되돌리기

삭제한 소리(예 Horse)를 다시 복구할 수 있는 "소리 되돌리기" 기능이 추가되었습니다.

## ❸ 소리 저장하기

이전 버전에서는 오프라인 에디터의 소리를 "내 컴퓨터에 저장하기"로 저장할 수 있었지만, 3.0 버전에서는 이 메뉴가 삭제되었습니다. 3.0 버전의 소리를 다운로드받으려면 온라인 에디터에서 [내보내기] 메뉴를 통해서만 소리 저장이 가능합니다.

## POINT 11 — 삭제한 스프라이트 되살리기 기능 추가

스프라이트를 삭제했을 때, 다시 삭제된 스프라이트를 불러올 수 있는 기능이 추가되었습니다. 이때, 스프라이트가 가지고 있던 코드들도 모두 같이 복구됩니다. 또한, 2.0 버전에서는 무대에서 스프라이트를 삭제할 수 있었으나, 3.0 버전에서는 스프라이트 영역에서만 삭제가 가능합니다.

## 새로 추가된 블록들

```
1 초 동안 랜덤 위치 ▼ (으)로 이동하기
맨 앞쪽 ▼ 으로 순서 바꾸기
앞으로 ▼ 1 단계 보내기
소리 효과 지우기
드래그 모드를 드래그 할 수 있는 ▼ 상태로 정하기
```

## [코드]의 블록 삭제하기

### ❶ 연결된 블록에서의 삭제

이전 버전에서는 블록에서 삭제하기를 선택할 경우 아래에 연결되었던 모든 블록이 삭제되었지만, 3.0 버전에서는 [블록 삭제하기]로 선택한 블록과 결합된 블록들만 삭제가 됩니다.

```
클릭했을 때
팝 ▼ 끝까지 재생하기        복사하기
                          주석 넣기
무한 반복하기              블록 삭제하기
    0.2 초 기다리기
    만약 스페이스 ▼ 키를 눌렀는가? 이(가) 아니다 (이)라면
        다음 모양으로 바꾸기
```

```
클릭했을 때
무한 반복하기
    0.2 초 기다리기
    만약 스페이스 ▼ 키를 눌렀는가? 이(가) 아니다 (이)라면
        다음 모양으로 바꾸기
```

▲ 선택된 블록만 삭제되고, 연결된 블록은 남습니다.

## ❷ 결합된 블록에서의 삭제

결합 블록으로 되어 있는 경우에는 연동되어 있는 [블록의 개수 삭제하기]로 메뉴가 나타나며, 선택하면 연동된 모든 블록이 삭제됩니다.

위 코드에서  블록의 [블록 4개 삭제하기]를 선택하면, 결합된 4개의 블록이

모두 삭제되어 블록들만 남게 됩니다.

## POINT 14 | 스프라이트의 x좌표, y좌표

이전 버전의 스크래치에서는 기본 스프라이트 하나만 있어도, 그 스프라이트에 대한 [x좌표 of 스프라이트1] 값을 가져올 수 있었습니다. 그러나 3.0 버전에서 스프라이트가 1개인 경우엔 무대에 대한 값만 선택할 수 있고, 2개 이상의 스프라이트가 있을 경우엔 자신의 스프라이트 외의 다른 스프라이트에 대한 x좌표 등의 값을 선택할 수 있습니다.

변수/리스트 변경 사항 ●

이전 버전의 [데이터] 팔레트의 이름이 [변수] 팔레트로 바뀌었습니다.

## ❶ 변수 만들기

기본으로 "나의 변수"가 만들어져 있습니다. 변수 만들기( 변수 만들기 )를 클릭하여 새로운 변수 이름을 입력합니다.

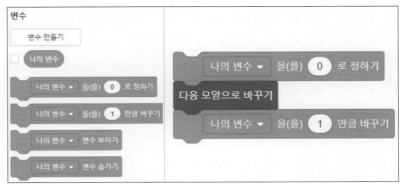

## ② 변수 삭제하기

"나의 변수"가 사용된 모든 블록(결합 블록 포함)이 삭제됩니다.

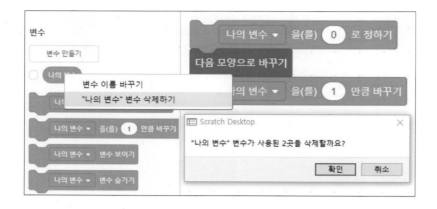

 블록만 남습니다.

## ③ 리스트 만들기

기본으로 생성되는 리스트가 없습니다. 리스트 만들기( 리스트 만들기 )를 클릭하여 새로운 리스트 이름을 입력합니다.

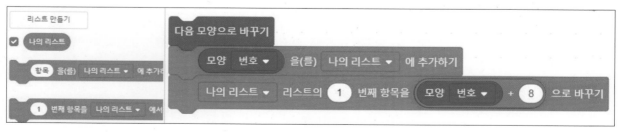

## ❹ 리스트 삭제

"나의 리스트"가 사용된 모든 블록(결합 블록 포함)이 삭제됩니다. 그러면  블록만 남습니다.

## ❺ 리스트 이름 바꾸기

이전 버전에서는 리스트 삭제만 가능했지만, 3.0 버전에서는 리스트 이름도 바꿀 수 있는 기능이 추가되었습니다.

# SECTION 02

# 달의 모양 변화

동작 블록은 스프라이트를 움직이는 블록입니다. 동작 블록을 사용해서 모양에 맞는 위치로 달을 이동하는 방법을 배워봅니다.

⊕ **예제 파일** : 달1.png, 달2.png, 달3.png, 달4.png, 달5.png, 달6.png, 달7.png, 달8.png, 지구.png, 배경.png, 사고력향상배경.png

⊕ **완성 파일** : 2강-달의 모양 변화_완성.sb3

⊕ **사용 방법** : 각 달 모양을 클릭하여 모양에 해당하는 위치로 달을 움직여봅니다.

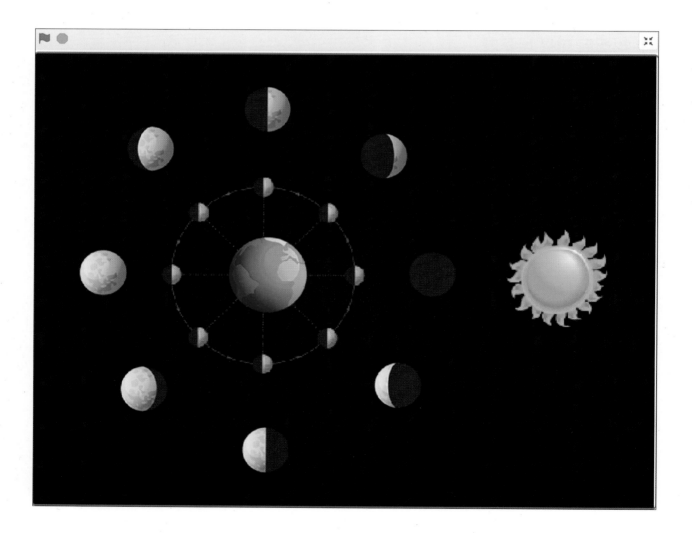

## POINT 01 | 교과 내용 파악하기

### ❶ 교과 연계

6학년 과학 [지구와 달의 운동]

### ❷ 교과 핵심 내용

달의 공전*으로 달의 모양이 달라지는 것을 설명할 수 있습니다.

❋ **달의 공전** : 달이 지구를 중심으로 약 30일 동안 한 바퀴 회전하는 것을 말합니다.

### ❸ 교과 핵심 확인 문제

다음 설명에 가장 알맞은 것은 무엇일까요? (　　　)

> • 달이 며칠 전에는 보름달이었는데 오늘은 반달 모양입니다.
> • 달의 모양과 달이 뜨는 위치가 다릅니다.

① 지구의 자전　　　② 지구의 공전　　　③ 달의 자전　　　④ 달의 공전

### ❶ 알고리즘

① [실행(⚑)] 버튼을 클릭하면 여러 모양의 달이 배경 아래쪽에 정렬됩니다.

② 각 모양의 달을 클릭하면 해당하는 위치로 달이 움직입니다.

### ❷ 순서도

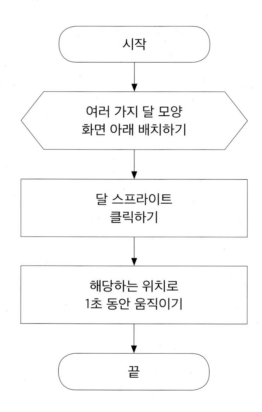

## ❶ 달과 지구 업로드하기

① 배경 파일을 불러오기 위해 무대 영역의 [배경 업로드하기( 배경 업로드하기 📤 )]를 클릭합니다. [열기] 대화상자가 나타나면 '배경.png' 파일을 선택하고 [열기] 버튼을 클릭합니다. 새로운 배경이 삽입됩니다.

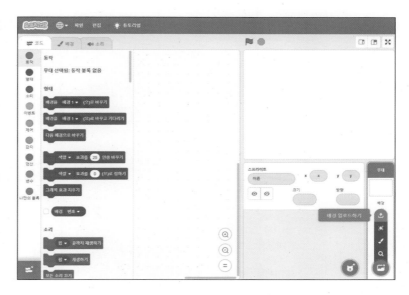

② 새로운 스프라이트를 업로드하기 위해 스프라이트 영역의 [스프라이트 업로드하기( 스프라이트 업로드하기 📤 )]를 클릭합니다. [열기] 대화상자가 나타나면 '달1.png' 파일을 선택하고 [열기] 버튼을 클릭합니다. '달1' 스프라이트(◗)가 삽입됩니다.

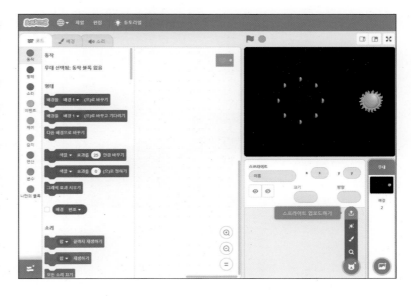

## ② 달과 지구의 크기와 위치 정하기

달1

① 초록깃발을 클릭했을 때 아래 블록들 실행하기
② 스프라이트의 크기를 '60'%로 정하기
③ 'x: -163', 'y: -132'로 이동하기로 위치 정하기
④ 회전 방식을 [회전하기 않기]로 정하기

달2

① 초록깃발을 클릭했을 때 아래 블록들 실행하기
② 스프라이트의 크기를 '60'%로 정하기
③ 'x: -123', 'y: -132'로 이동하기로 위치 정하기
④ 회전 방식을 [회전하기 않기]로 정하기

달3

① 초록깃발을 클릭했을 때 아래 블록들 실행하기
② 스프라이트의 크기를 '60'%로 정하기
③ 'x: -83', 'y: -132'로 이동하기로 위치 정하기
④ 회전 방식을 [회전하기 않기]로 정하기

달4

① 초록깃발을 클릭했을 때 아래 블록들 실행하기
② 스프라이트의 크기를 '60'%로 정하기
③ 'x: -43', 'y: -132'로 이동하기로 위치 정하기
④ 회전 방식을 [회전하기 않기]로 정하기

① 초록깃발을 클릭했을 때 아래 블록들 실행하기
② 스프라이트의 크기를 '60'%로 정하기
③ 'x: –3', 'y: –132'로 이동하기로 위치 정하기
④ 회전 방식을 [회전하기 않기]로 정하기

달5

달6

① 초록깃발을 클릭했을 때 아래 블록들 실행하기
② 스프라이트의 크기를 '60'%로 정하기
③ 'x: 37', 'y: –132'로 이동하기로 위치 정하기
④ 회전 방식을 [회전하기 않기]로 정하기

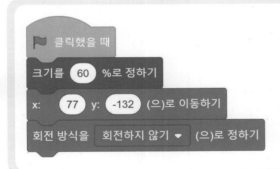

달7

① 초록깃발을 클릭했을 때 아래 블록들 실행하기
② 스프라이트의 크기를 '60'%로 정하기
③ 'x: 77', 'y: –132'로 이동하기로 위치 정하기
④ 회전 방식을 [회전하기 않기]로 정하기

달8

① 초록깃발을 클릭했을 때 아래 블록들 실행하기
② 스프라이트의 크기를 '60'%로 정하기
③ 'x: 117', 'y: –132'로 이동하기로 위치 정하기
④ 회전 방식을 [회전하기 않기]로 정하기

지구

① 초록깃발을 클릭했을 때 아래 블록들 실행하기
② 스프라이트의 크기를 '60'%로 정하기
③ 'x: -60', 'y: 3'으로 이동하기로 위치 정하기

## ❸ 달 이동하기

달1

① 이 스프라이트를 클릭했을 때 아래 블록을 실행하기
② '1'초 동안 '달1' 스프라이트를 'x: 29', 'y: 99'로 이동하기

| tip |

'달2' 스프라이트에서 '달8' 스프라이트까지 '달1' 스프라이트와 같은 방법으로 코딩하기

- 달2 : 'x: -61', 'y: 136'
- 달3 : 'x: -151', 'y: 104'
- 달4 : 'x: -187', 'y: 4'
- 달5 : 'x: -155', 'y: -88'
- 달6 : 'x: -61', 'y: -136'
- 달7 : 'x: 41', 'y: -84'
- 달8 : 'x: 67', 'y: 4'

# 사고력 향상 문제

⊛ **예제 파일** : 2강-달의 모양 변화_완성.sb3
⊛ **완성 파일** : 2강-달의 모양 변화_사고력향상_완성.sb3

**❶** 태양의 위치가 바뀌었을 때 각 달의 모양을 알맞게 이동하고 '달1'~'달8' 스프라이트의 크기를 '50'%로 줄이세요.

**❷** '달1'~'달8' 스프라이트를 '2'초 동안 움직이도록 지정하세요.

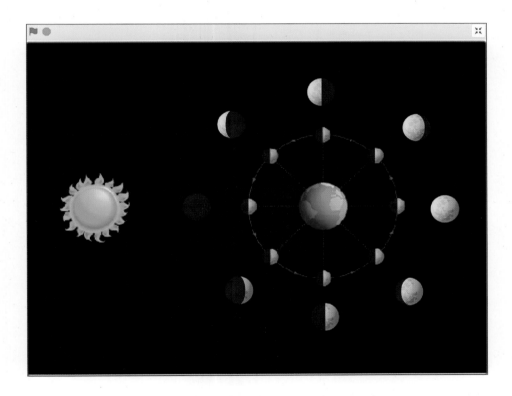

| hint |

[배경 업로드하기( 배경 업로드하기 ⬆ )]를 통해 '사고력향상배경.png' 파일을 업로드합니다.

# SECTION 03

# 생태계 피라미드

형태 블록은 배경이나 스프라이트의 모양을 바꿀 수 있습니다. 스프라이트의 모양을 다양하게 바꿔보는 형태 블록을 사용해서 생태계 피라미드와 먹이 사슬을 표현해봅니다.

- ⚙ **예제 파일** : 3강-생태계 피라미드_예제.sb3
- ⚙ **완성 파일** : 3강-생태계 피라미드_완성.sb3
- ⚙ **사용 방법** : 생태계 피라미드를 구성한 뒤 생태계 먹이 사슬에 따라 해당 스프라이트가 사라집니다.

## POINT 01 교과 내용 파악하기

### ① 교과 연계

6학년 과학 [생물과 환경]

### ② 교과 핵심 내용

생태계*의 의미와 생태계 구성 요소를 알고, 생태계 구성 요소 간의 상호 작용에 대해 설명할 수 있습니다.

＊ **생태계** : 어떤 장소에서 살면서 환경을 구성하는 생물적 환경 요인과 이를 둘러싼 비생물적 환경 요인이 상호 작용하는 것입니다.

### ③ 교과 핵심 확인 문제

**다음 설명에 가장 알맞은 것은 무엇일까요? (          )**

> 어떤 장소에 살면서 환경을 구성하는 생물적 환경 요인과 이를 둘러싼 비생물적 환경 요인이 상호 작용하는 것을 '이것'이라고 합니다.

① 먹이 사슬          ② 먹이 그물          ③ 생태계 피라미드          ④ 생태계

## ❶ 알고리즘

① [실행(🏳)] 버튼을 클릭하면 '생산자' 스프라이트, '1차 소비자' 스프라이트, '2차 소비자' 스프라이트, '3차 소비자' 스프라이트를 각 피라미드 단계에 맞게 5개, 3개, 2개, 1개씩 보여줍니다.

② 생태계 피라미드가 완성되면 생산자를 1차 소비자가 먹고, 1차 소비자를 2차 소비자가 먹고, 2차 소비자를 3차 소비자가 먹는 먹이 사슬을 표현합니다.

## ❷ 순서도

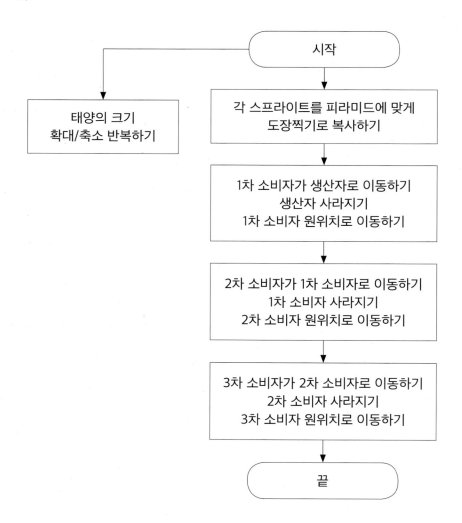

## POINT 03 프로젝트 시작하기

[3강] 폴더에서 '3강-생태계 피라미드_예제.sb3' 파일을 엽니다.

### ❶ 생태계 피라미드 : 생산자 코딩하기

생산자

① 초록깃발을 클릭했을 때 아래 블록들 실행하기
② 도장찍기로 만든 스프라이트를 모두 지우기
③ '0.5'초 기다리기
④ 스프라이트의 그래픽 효과 지우기
⑤ 'x: 111', 'y: -111'로 이동하기로 위치 정하기
⑥ 숨긴 스프라이트 보여주기
⑦ 크기를 '50'%로 정하기
⑧ [뒤로] '1'단계 보내기
⑨ 왼쪽으로 움직이기 위해 '-90'도 방향 보기

⑩ '생산자' 스프라이트를 5개로 보여주기 위해 블록 안의 블록들을 '4'번 반복하기
⑪ 스프라이트 도장찍기
⑫ '1'초 기다리기
⑬ '50'만큼 움직이기

생산자

⑭ '1차 소비자'가 올 때까지 '9'초 기다리기

⑮ '1차 소비자'에 의해 먹혀 사라지기 위해 [픽셀화] 효과를 '5'만큼 바꾸기 '10'번 반복하기

⑯ 완전히 보이지 않기 위해 스프라이트 숨기기

## ❷ 생태계 피라미드 : 1차 소비자 코딩하기

1차 소비자

① 초록깃발을 클릭했을 때 아래 블록들 실행하기

② 스프라이트의 그래픽 효과 지우기

③ 스프라이트 숨기기

④ '생산자' 다음에 보여주기 위해 '5'초 기다리기

⑤ 'x: 72', 'y: -31'로 이동하기로 위치 정하기

⑥ 숨긴 스프라이트 보여주기

⑦ 크기를 '50'%로 정하기

⑧ 왼쪽으로 움직이기 위해 '-90'도 방향 보기

⑨ '1차 소비자' 스프라이트를 3개로 보여주기 위해 블록 안의 블록들을 '2'번 반복하기

⑩ 스프라이트 도장찍기

⑪ '1'초 기다리기

⑫ '60'만큼 움직이기

⑬ '2차 소비자'와 '3차' 소비자가 자리하는 시간 '5'초 기다리기

⑭ '생산자'로 가기 위해 블록 안의 블록들을 '5'번 반복하기

⑮ '15'만큼 이동하기

⑯ [생산자] 쪽 보기로 방향 정하기

⑰ '생산자'가 사라질 동안 '3'초 기다리기

⑱ 원래 위치인 'x: −48', 'y: −31'로 이동하기

1차 소비자

⑲ '2차 소비자'가 올 때까지 '2'초 기다리기

⑳ '2차 소비자'에 의해 먹혀 사라지기 위해 [픽셀화] 효과를 '5'만큼 바꾸기 '10'번 반복하기

㉑ 완전히 보이지 않기 위해 스프라이트 숨기기

## ❸ 생태계 피라미드 : 2차 소비자 코딩하기

① 초록깃발을 클릭했을 때 아래 블록들 실행하기
② 스프라이트의 그래픽 효과 지우기
③ 스프라이트 숨기기
④ '1차 소비자' 다음에 보여주기 위해 '8' 초 기다리기
⑤ 'x: 39', 'y: 42'로 이동하기로 위치 정하기
⑥ 숨긴 스프라이트 보여주기
⑦ 크기를 '45'%로 정하기
⑧ 왼쪽으로 움직이기 위해 '-90'도 방향 보기

2차 소비자

⑨ '2차 소비자' 스프라이트를 2개로 보여주기 위해 스프라이트 도장찍기
⑩ '1'초 기다리기
⑪ '60'만큼 움직이기

⑫ '3차' 소비자가 보이고, '1차' 소비자가 생산자를 먹는 동안 '7'초 기다리기
⑬ '1차 소비자'로 가기 위해 [1차 소비자] 쪽 보기와 '10'만큼 움직이기를 '5'번 반복하기
⑭ '1차 소비자'가 사라질 동안 '2'초 기다리기
⑮ 원래 위치인 'x :-21', 'y:42'로 이동하기

2차 소비자

⑯ '3차 소비자'가 올 때까지 '2'초 기다리기
⑰ '3차 소비자'에 의해 먹혀 사라지기 위해 [픽셀화] 효과를 '5'만큼 바꾸기 '10' 번 반복하기
⑱ 완전히 보이지 않기 위해 스프라이트 숨기기

## ❹ 생태계 피라미드 : 3차 소비자 코딩하기

3차 소비자

① 초록깃발을 클릭했을 때 아래 블록들 실행하기
② 스프라이트의 그래픽 효과 지우기
③ 스프라이트 숨기기
④ '2차 소비자' 다음에 보여주기 위해 '10' 초 기다리기
⑤ 'x: 11', 'y: 129'로 이동하기로 위치 정하기
⑥ 숨긴 스프라이트 보여주기
⑦ 크기를 '45'%로 정하기

⑧ '생산자', '1차 소비자', '2차 소비자'의 실행이 마칠 때까지 '9'초 기다리기
⑨ '2차 소비자'로 가기 위해 [2차 소비자] 쪽 보기와 '10'만큼 움직이기를 '5'번 반복하기

⑩ '2차 소비자'가 사라질 동안 '2'초 기다리기
⑪ 원래 위치인 'x: 11', 'y: 129'로 이동하기

## ❺ 태양 코딩하기

① 초록깃발을 클릭했을 때 아래 블록들 실행하기
② 'x: -204', 'y: 144'로 이동하기로 위치 정하기
③ 크기를 '10'%로 정하기

태양

④ 블록 안에 있는 블록들을 무한 반복하기
⑤ '태양' 스프라이트의 크기를 '0.1'만큼 바꾸기를 '10'번 반복하기
⑥ '태양' 스프라이트의 크기를 '-0.1'만큼 바꾸기를 '10'번 반복하기

CODING

# 사고력 향상 문제

⊕ **예제 파일** : 3강-생태계 피라미드_완성.sb3
⊕ **완성 파일** : 3강-생태계 피라미드_사고력향상_완성.sb3

❶ `색깔 ▾ 효과를 25 만큼 바꾸기` 블록의 [픽셀화] 효과와 `숨기기` 블록을 사용하는 대신 [반투명] 효과 블록만으로 스프라이트가 사라지는 스크립트를 작성하세요.

❷ `색깔 ▾ 효과를 ◯ 만큼 바꾸기` 블록을 사용하여 스프라이트의 색을 변경하는 스크립트를 작성하세요.

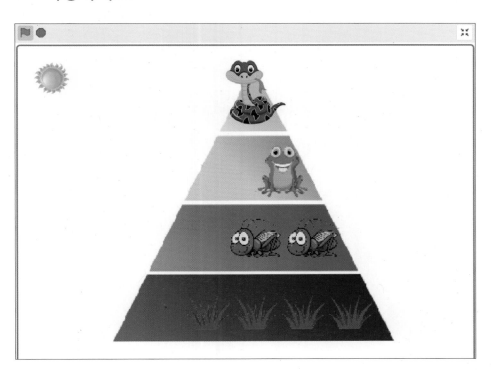

---

| hint |

❶ 반투명 효과의 범위는 '0~100'이며 '100'의 경우에는 보이지 않게 됩니다.

❷ 각 스프라이트의 `색깔 ▾ 효과를 ◯ 만큼 바꾸기` 블록의 값([색깔]의 범위는 '-100~100'입니다.)

- '생산자' 스프라이트 : -70
- '1차 소비자' 스프라이트 : -30
- '2차 소비자' 스프라이트 : 30
- '3차 소비자' 스프라이트 : 70

# SECTION 04

# 소리 자극과 반응

소리 블록은 프로젝트에서 소리에 관련된 모든 기능을 가지고 있습니다. 우리 몸의 자극 중 청각 반응을 소리 블록을 이용하여 표현해봅니다.

- ⚙ **예제 파일** : 4강-소리 자극과 반응_예제.sb3
- ⚙ **완성 파일** : 4강-소리 자극과 반응_완성.sb3
- ⚙ **사용 방법** : 악기를 누르면서 나는 소리에 대한 청각 반응을 표현해봅니다.

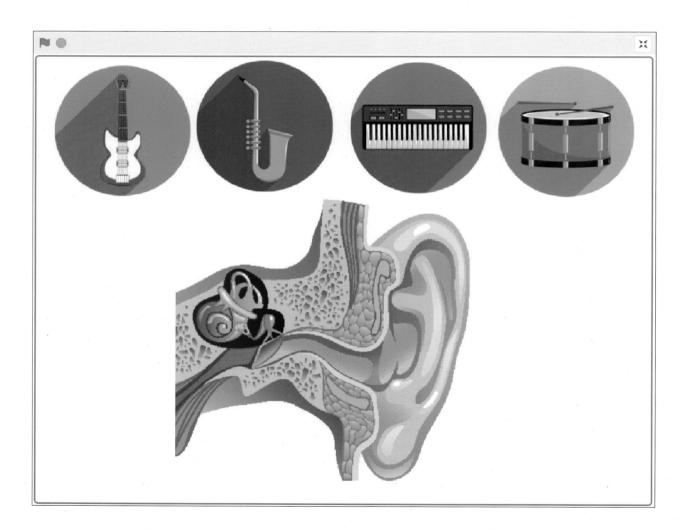

## POINT 01 · 교과 내용 파악하기

### ❶ 교과 연계

5학년 과학 [우리 몸의 구조와 기능]

### ❷ 교과 핵심 내용

① 귀의 기능 : 귀는 소리를 듣는 기능과 몸의 균형을 잡아 주는 기능이 있습니다.

② 소리 자극에 반응하는 과정

    소리 자극 → 말초 신경 → 척수 → 뇌에서 판단 → 말초 신경 → 운동 기관 반응

### ❸ 교과 핵심 확인 문제

다음 중 우리 신체 기관인 '귀'의 기능은 어느 것입니까? (      )

① 냄새를 맡습니다.       ② 소리를 듣습니다.       ③ 물건을 봅니다.

④ 균형을 잡습니다.       ⑤ 맛을 느낍니다.

### ❶ 알고리즘

① [실행( )] 버튼을 클릭하면 소리를 낼 여러 악기 버튼과 감각 기관 '귀'를 보여줍니다.

② 악기 버튼을 하나 선택해서 클릭하면 선택한 악기 소리로 '도레미파솔라시도'를 연주하고, 소리가 나면 감각 기관 '귀'의 모양을 바꿉니다.

### ❷ 순서도

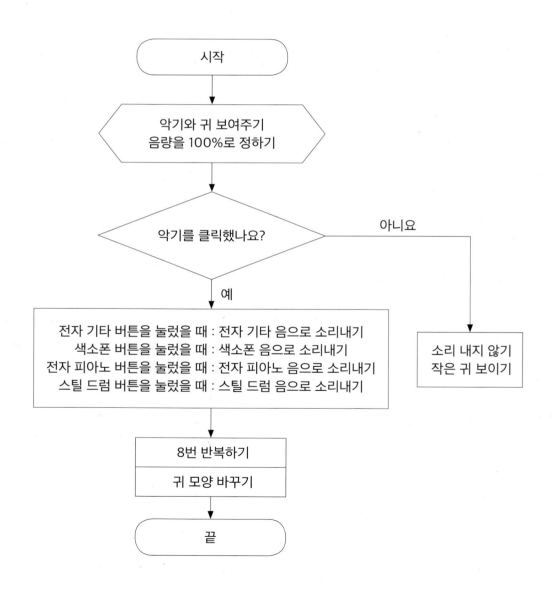

# POINT 03 프로젝트 시작하기

[4강] 폴더에서 '4강-소리 자극과 반응_예제.sb3' 파일을 엽니다.

## ❶ 선택한 악기로 도레미파솔라시도 소리내기

① 초록깃발을 클릭했을 때 아래 블록 실행하기
② 음량을 '100'%로 정하기
  (최대 음량 = 100)

전자 기타

① 이 스프라이트를 클릭했을 때 아래 블록 실행하기
② 악기를 [(5)전자 기타]로 정하기
③ '청각' 스프라이트의 귀 모양이 움직이는 효과를 낼 수 있도록 [청각반응] 신호 보내기
④ '중간 C(도)' 음을 설정하기 위해 '60'번 음을 선택하고 '0.3' 박자로 연주하기

⑤ 이와 같은 방법으로 '레'(62), '미'(64), '파'(65), '솔'(67), '라'(69), '시'(71), '(높은) 도'(72) 음을 '0.3' 박자로 연주하기

| tip |

● '도레미파솔라시도'를 연주하기 위한 블록 설정

- 중간 C(도) : 60번
- D(레) : 62번
- E(미) : 64번
- F(파) : 65번
- G(솔) : 67번
- A(라) : 69번
- B(시) : 71번
- 높은 C(도) : 72번

● [악기를 (5) 전자 기타 ▼ (으)로 정하기] 블록의 악기별 지정 번호

- 전자 기타 : 5번
- 색소폰 : 11번
- 전자 피아노 : 2번
- 스틸 드럼 : 18번

## ❷ 소리 자극에 대한 청각 반응 표현하기

① 초록깃발을 클릭했을 때 아래 블록 실행하기
② 모양을 [귀1]로 바꾸기
　(기본 모양 = 귀1)

청각

① [청각반응] 신호를 받았을 때 아래 블록들 실행하기
　(악기가 클릭될 때 신호 보내기)
② '0.3'초마다 귀 모양을 바꾸기 위해 블록 안의 블록들을 '8'번 반복하기
③ 다음 모양으로 바꾸기
④ '0.3'초를 기다려서 바뀌는 모양 보이기
⑤ 마지막 모양은 [귀1]로 바꾸기

# 사고력 향상 문제

⚙ **예제 파일** : 4강-소리 자극과 반응_완성.sb3
⚙ **완성 파일** : 4강-소리 자극과 반응_사고력향상_완성.sb3
⚙ **사고력 향상 추가 스프라이트** : 4강-음량증가.sprite3, 4강-음량감소.sprite3

**①** '음량증가' 스프라이트와 '음량감소' 스프라이트를 추가하고, 음량을 -10 만큼 바꾸기 블록을 이용하여 소리의 음량을 '+20', '-20'씩 조절하는 기능을 넣어보세요.

**②** 1번 문제에서 작성한 스크립트에 음량이 '0'보다 작으면, 귀의 모양이 바뀌지 않도록 스크립트를 추가해보세요.

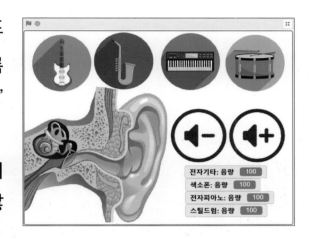

| hint |

**①** ① '음량증가' 스프라이트를 클릭했을 때, [이벤트] 팔레트의 음량증가 ▾ 신호 보내기 블록을 만들어 방송합니다.

② 각 악기 스프라이트의 스크립트에서 음량증가 ▾ 신호를 받았을 때 블록을 이용하여, 음량을 -10 만큼 바꾸기 블록을 이용합니다('음량감소' 스프라이트를 클릭했을 때도 같은 방법으로 작성합니다.).

③ 음량 블록은 각 스프라이트에서 따로 적용되므로 각 악기의 스프라이트에서 음량을 -10 만큼 바꾸기 블록을 이용하여 스크립트를 작성합니다.

**②** ① [제어] 팔레트의 무한 반복하기 블록, [연산] 팔레트의 음량 > 0 블록, [소리] 팔레트의 음량 블록을 이용하여, 악기 스프라이트의 스크립트에서 청각반응 ▾ 신호 보내기 블록의 조건을 만들어 수정합니다.

② 각 악기 스프라이트의 스크립트에서 ☑ 음량 블록을 체크하면 무대 위에 각 블록의 음량이 표시됩니다.

# SECTION 05

# 태양계의 구성

펜 블록은 스프라이트가 글씨를 쓰거나 그림을 그릴 수 있습니다. 태양계를 구성하는 행성들을 펜 블록을 이용하여 다양한 색깔과 크기의 원으로 그려봅니다.

⊛ **예제 파일** : 5강-태양계의 구성_예제.sb3
⊛ **완성 파일** : 5강-태양계의 구성_완성.sb3
⊛ **사용 방법** : 태양계를 구성하고 있는 행성들의 거리와 크기에 따라 원으로 표현해봅니다.

**❶ 교과 연계**

5학년 과학 [태양계와 별]

**❷ 교과 핵심 내용**

① **태양계** : 태양과 태양 주위를 돌고 있는 구성원을 말합니다.

② **태양계 행성의 크기**

   목성 > 토성 > 천왕성 > 해왕성 > 지구 > 금성 > 화성 > 수성

③ **태양과 행성 간의 거리**

   태양 - 수성 - 금성 - 지구 - 화성 - 목성 - 토성 - 천왕성 - 해왕성

**❸ 교과 핵심 확인 문제**

다음 중 지구와 크기가 가장 비슷한 행성은 어느 것입니까? (          )

① 금성          ② 수성          ③ 토성          ④ 목성          ⑤ 천왕성

## ❶ 알고리즘

① [실행(🏳)] 버튼을 클릭하면 태양계를 구성하는 행성들을 보여줍니다.

② 태양계 행성들을 태양과의 거리와 크기 관계로 살펴보고, 다양한 색깔의 원으로 그립니다.

## ❷ 순서도

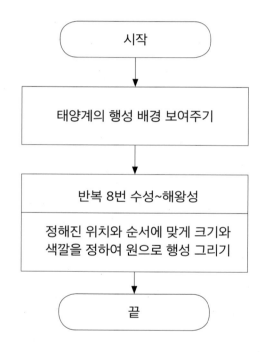

**POINT 03** 프로젝트 시작하기 ·······························

[5강] 폴더에서 '5강-태양계의 구성_예제.sb3' 파일을 엽니다.

### ❶ 스프라이트 불러오기

① [스프라이트 고르기( 🔍 )]를 클릭합니다.

② 'Wand' 스프라이트( )를 선택하고, 마우스로 두 번 클릭합니다.

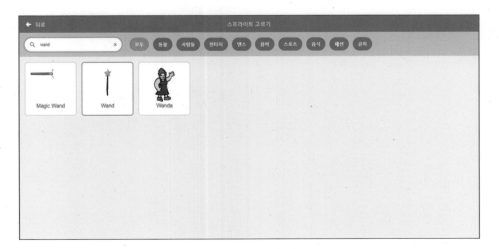

## ❷ 펜 블록을 이용하여 수성 코딩하기

① 초록깃발을 클릭했을 때 아래 블록들 실행하기
② 무대에서 펜으로 사용되는 이 스프라이트 숨기기
③ 이전에 그려진 펜 작업 모두 지우기
④ 프로젝트를 중간에 멈춘 후 다시 시작할 때 이동하는 선이 그려지지 않도록 펜 올리기
⑤ 일정한 위치에서 그려지도록 90도 방향 보기
⑥ 펜 굵기를 '3'으로 정하기
  (숫자가 클수록 굵게 그려짐)

Wand

⑦ 펜 색깔 정하기
⑧ 펜의 시작점 'x: -153', 'y: -90'으로 이동하기로 위치 정하기
⑨ 이동하는 대로 무대에 그리기 위해 펜 내리기
⑩ 원을 표현하기 위해 블록 안의 블록들을 '24'번 반복하기
⑪ '2.5'만큼씩 움직여 원의 크기 정하기
⑫ 오른쪽 방향으로 '15'도씩 돌며 360도 원 그리기
⑬ 다음 행성 시작점으로 이동할 때 펜 그리기가 되지 않도록 펜 올리기

| tip |

'금성', '지구', '화성', '목성', '토성', '천왕성', '해왕성'도 '수성'과 같은 방법으로 스크립트를 작성하기

| 태양계 행성 | 펜 색깔을 ● (으)로 정하기 | 2.5 만큼 움직이기 | x: -153 y: -90 (으)로 이동하기 |
|---|---|---|---|
| 금성 | 펜 색깔을 ◯ (으)로 정하기 | '4.5' | 'x: -124', 'y: -65' |
| 지구 | 펜 색깔을 ◯ (으)로 정하기 | '5.5' | 'x: -80', 'y: -39' |
| 화성 | 펜 색깔을 ◯ (으)로 정하기 | '3.5' | 'x: -31', 'y: -23' |
| 목성 | 펜 색깔을 ● (으)로 정하기 | '8' | 'x: 12', 'y: 18' |
| 토성 | 펜 색깔을 ◯ (으)로 정하기 | '6.5' | 'x: 78', 'y: 42' |
| 천왕성 | 펜 색깔을 ● (으)로 정하기 | '6' | 'x: 133', 'y: 64' |
| 해왕성 | 펜 색깔을 ● (으)로 정하기 | '5.6' | 'x: 180', 'y: 92' |

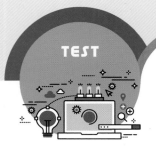

# 사고력 향상 문제

⚙ **예제 파일** : 5강-태양계의 구성_완성.sb3

⚙ **완성 파일** : 5강-태양계의 구성_사고력향상(1)_완성.sb3,
5강-태양계의 구성_사고력향상(2)_완성.sb3

❶ 태양계 행성의 크기에 따라 펜의 굵기를 다르게 하여 그려보세요.

❷ 펜 색깔을 ◯ (으)로 정하기 블록 대신 다른 블록을 이용하여 펜 색깔을 바꾸는 스크립트를 작성해보세요.

| hint |

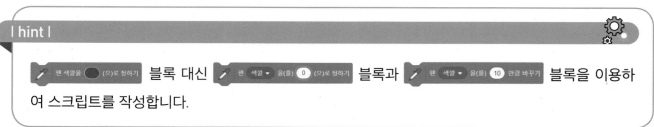

펜 색깔을 ◯ (으)로 정하기 블록 대신 펜 색깔 ▾ 을(를) 0 (으)로 정하기 블록과 펜 색깔 ▾ 을(를) 10 만큼 바꾸기 블록을 이용하여 스크립트를 작성합니다.

# SECTION 06

# 우리 몸의 소화

이벤트 블록은 특정 조건에 맞는 사건이 발생했을 때 블록에 연결된 스크립트를 실행합니다. 우리 몸의 소화 과정을 통해 이벤트 블록을 배워봅니다.

- ⊛ **예제 파일** : 06강-우리 몸의 소화_예제.sb3
- ⊛ **완성 파일** : 06강-우리 몸의 소화_완성.sb3
- ⊛ **사용 방법** : 주어진 미로에서 음식물을 방향키로 이동시켜 우리 몸의 소화 기관을 익힙니다.

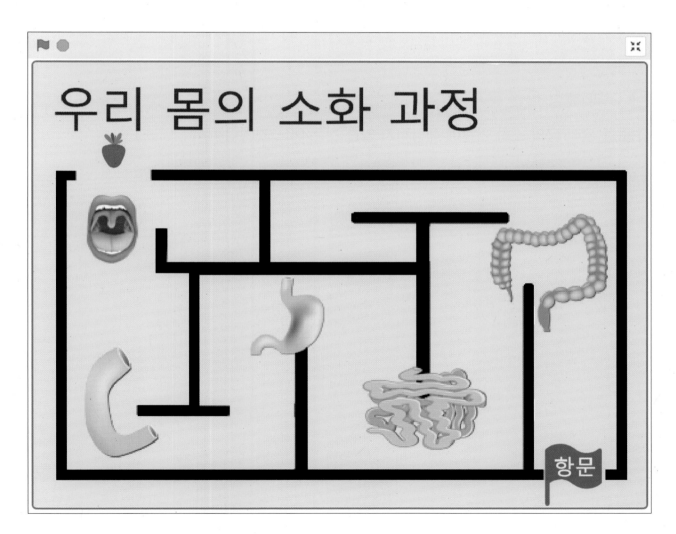

# 교과 내용 파악하기

## ❶ 교과 연계

5학년 과학 [우리 몸의 구조와 기능]

## ❷ 교과 핵심 내용

① 몸에 필요한 양분을 얻는 방법 : 음식물을 먹고, 소화 시킨 영양소를 흡수함으로써 얻을 수 있습니다.

② 우리가 먹은 음식이 소화되는 과정

　음식물 → 입안 → 식도 → 위 → 작은창자(소장) → 큰창자(대장) → 항문

## ❸ 교과 핵심 확인 문제

다음 중 우리 몸의 소화 기관에 해당하지 않는 것은 어느 것입니까? (　　　　)

① 입　　　　　② 폐　　　　　③ 소장　　　　　④ 위　　　　　⑤ 항문

## ❶ 알고리즘

① [실행(🏳)] 버튼을 클릭하면 소화 과정을 순서대로 놓인 소화 기관 미로가 보이고, 시작점으로 '음식물' 스프라이트가 이동합니다.

② 방향키를 이용하여 음식물을 상하좌우로 이동시켜 소화 기관을 익히면서, 소화 과정을 학습합니다.

## ❷ 순서도

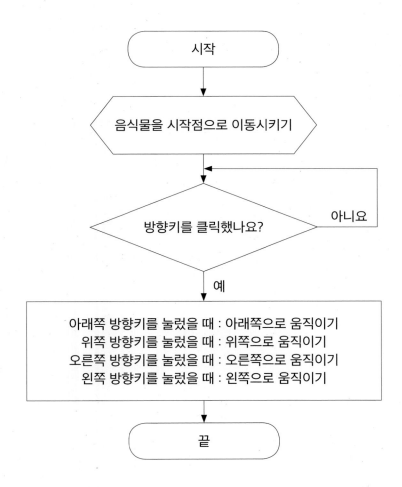

**프로젝트 시작하기** ..........................

[6강] 폴더에서 '06강-우리 몸의 소화_예제.sb3' 파일을 엽니다.

## ❶ 음식물(딸기) 소화 시키기

① 초록깃발을 클릭했을 때 아래 블록들 실행하기
② 'x: -177', 'y: 108'로 이동하기로 위치 정하기
③ '90'도(오른쪽) 방향 보기
④ 모양을 [딸기01]로 바꾸기
⑤ 이동할 때 소화 기관에 '음식물' 스프라이트가 가려지지 않기 위해 맨 [앞쪽]으로 순서 바꾸기

음식물

① [아래쪽 화살표] 키를 눌렀을 때 아래 블록들 실행하기
② '180'도 방향(아래쪽) 보기
③ 정한 방향으로 '10'만큼 움직이기

① [위쪽 화살표] 키를 눌렀을 때 아래 블록들 실행하기
② '0'도 방향(위쪽) 보기
③ 정한 방향으로 '10'만큼 움직이기

① [오른쪽 화살표] 키를 눌렀을 때 아래 블록들 실행하기
② '90'도 방향(오른쪽) 보기
③ 정한 방향으로 '10'만큼 움직이기

음식물

① [왼쪽 화살표] 키를 눌렀을 때 아래 블록들 실행하기
② '-90'도 방향(왼쪽) 보기
③ 정한 방향으로 '10'만큼 움직이기

## ❷ 소화 기관 위치 정하기

입

① 초록깃발을 클릭했을 때 아래 블록 실행하기
② 'x: -178', 'y: 44'로 이동하기로 위치 정하기

식도

① 초록깃발을 클릭했을 때 아래 블록 실행하기
② 'x: -171', 'y: 95'로 이동하기로 위치 정하기

위

① 초록깃발을 클릭했을 때 아래 블록 실행하기
② 'x: -27', 'y: -37'로 이동하기로 위치 정하기

소장

① 초록깃발을 클릭했을 때 아래 블록 실행하기
② 'x: 62', 'y: -119'로 이동하기로 위치 정하기

대장

① 초록깃발을 클릭했을 때 아래 블록 실행하기
② 'x: 164', 'y: 9'로 이동하기로 위치 정하기

항문

① 초록깃발을 클릭했을 때 아래 블록 실행하기
② 'x: 183', 'y: -154'로 이동하기로 위치 정하기

| tip |

**각도 입력하기**

이 블록의 각도 입력칸에 마우스를 클릭하면, 화살표로 원하는 각도를 입력할 수 있는 창이 뜹니다. 또는 입력칸에 원하는 각도를 숫자로 직접 입력합니다.

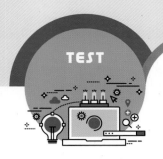

# 사고력 향상 문제

⚙ **예제 파일** : 06강-우리 몸의 소화_완성.sb3
⚙ **완성 파일** : 06강-우리 몸의 소화_사고력향상(1).sb3,
06강-우리 몸의 소화_사고력향상(2).sb3

❶ '음식물' 스프라이트를 방향키로 이동할 때 미로의 검은색 벽으로 통과할 수 없도록 만들어 보세요.

❷ 각 소화 기관을 클릭했을 때, 해당 소화 기관의 이름을 말해주는 기능을 넣어 보세요.

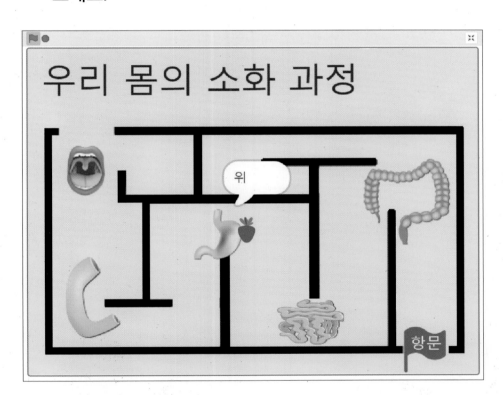

| hint |

❶ '음식물' 스프라이트에서 [감지] 팔레트의  블록과 [제어] 팔레트의 블록을 이용하여 스크립트를 작성합니다.

❷ 각 소화 기관의 스프라이트에서 [이벤트] 팔레트의  블록을 이용하여 스크립트를 작성합니다.

# 밤하늘의 별

제어 블록은 반복되는 블록을 묶거나 조건에 따라 다른 기능을 해야 할 때 또는 스프라이트를 복제하는 블록입니다. 밤하늘에 수많은 별들이 나타나게 제어 블록을 이용하여 표현해봅니다.

- ⚙ **예제 파일** : 7강-밤하늘의 별_예제.sb3
- ⚙ **완성 파일** : 7강-밤하늘의 별_완성.sb3
- ⚙ **사용 방법** : 별들이 나타나면 클릭하여 별을 삭제하고, 정해진 별개수가 되면 멈춥니다.

## POINT 01 교과 내용 파악하기

### ❶ 교과 연계

5학년 과학 [태양계와 별]

### ❷ 교과 핵심 내용

① **별** : 빛을 내는 천체입니다.
- 별은 먼 거리에 있어 지구에서 볼 때 작은 점으로 보일 수 있습니다.
- 낮에는 태양 빛으로 별을 볼 수 없고 밤이 되면 볼 수 있습니다.

② **별자리** : 별의 무리를 지어 신화에 나오는 물건이나 동물 등의 이름을 붙여 놓은 것입니다.

### ❸ 교과 핵심 확인 문제

다음은 무엇에 대한 설명인지 써보세요. (          )

빛을 내는 천체로 낮에는 태양 빛으로 볼 수 없고 밤이 되면 볼 수 있는 것.

### ❶ 알고리즘

① [실행(🚩)] 버튼을 클릭하면 배경에서 별들이 복제되어 나타납니다.

② 별을 클릭하면 별개수가 증가하고, 정해진 별개수가 되었을 때 모두 멈춥니다.

### ❷ 순서도

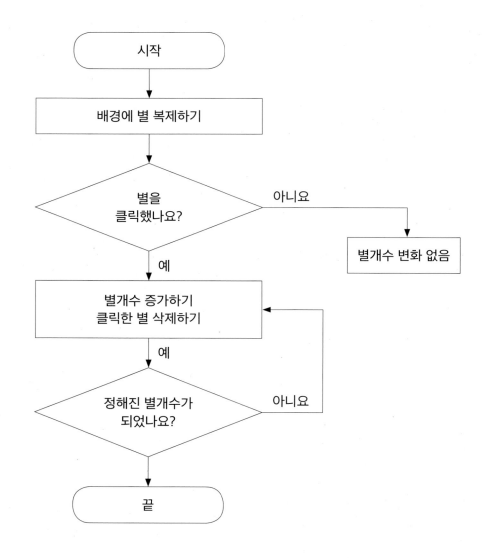

## POINT 03 · 프로젝트 시작하기

[7강] 폴더에서 '7강-밤하늘의 별_예제.sb3' 파일을 엽니다.

### ① 별 복제하기

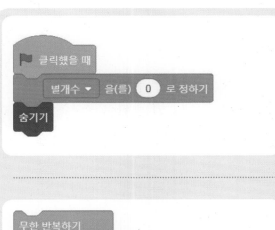

① 초록깃발을 클릭했을 때 아래 블록들 실행하기
② 변수 [별개수] 만들기
③ 변수 [별개수]의 초기값을 '0'으로 정하고, 별을 숨기기

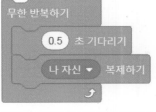

④ 별을 계속 복제하기 위해 블록 안의 블록들을 무한 반복하기
⑤ 별이 '0.5'초마다 나타나야 하므로 별을 복제하기

별

① 복제되었을 때 아래 블록들 실행하기
② 하늘에서만 별을 나타내기 위해 'x: -230부터 230 사이의 난수', 'y: 0부터 170 사이의 난수' 위치로 이동하여 별 보이기

별

③ 만약 변수 [별개수]가 '20'과 같다면 안의 블록 실행하기
④ 모든 스크립트 멈추기

## ❷ 별 삭제하기

별

① 이 스프라이트를 클릭했을 때 아래 블록들 실행하기
② 복제된 별들을 클릭하면 블록 안의 블록들을 무한 반복하기
③ 변수 [별개수]를 '1'만큼 바꾸기
④ 복제된 별을 삭제하기

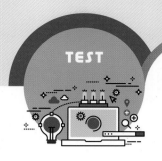

TEST

# 사고력 향상 문제

⊕ **예제 파일** : 7강-밤하늘의 별_완성.sb3
⊕ **완성 파일** : 7강-밤하늘의 별_사고력향상_완성.sb3

**❶** 별을 다양한 색으로 바꾸어 보세요.

**❷** 별개수가 '10' 이상이면 별개수를 '2'개씩 증가시켜 보세요.

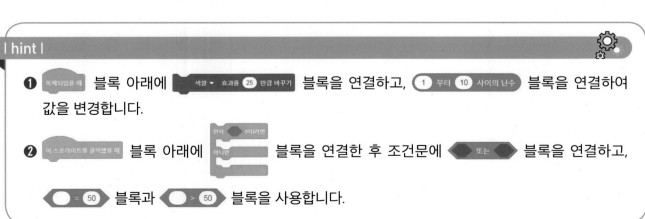

| hint |

**❶** [복제되었을 때] 블록 아래에 [색깔 ▼ 효과를 25 만큼 바꾸기] 블록을 연결하고, [1 부터 10 사이의 난수] 블록을 연결하여 값을 변경합니다.

**❷** [이 스프라이트를 클릭했을 때] 블록 아래에 [만약 ● (이)라면 / 아니면] 블록을 연결한 후 조건문에 [◆ 또는 ◆] 블록을 연결하고, [○ = 50] 블록과 [○ > 50] 블록을 사용합니다.

# SECTION 08

# 산성 용액과 염기성 용액

관찰 블록은 프로그램에서 조건이나 스프라이트의 상태 등에 대한 변화 값을 가지는 블록입니다. 리트머스 종이가 산성 용액과 염기성 용액에 닿았을 때의 상태를 관찰하여 용액의 성질을 분류해봅니다.

- ⚙ **예제 파일** : 8강-산성 용액과 염기성 용액_예제.sb3
- ⚙ **완성 파일** : 8강-산성 용액과 염기성 용액_완성.sb3
- ⚙ **사용 방법** : '푸른 리트머스 종이'가 여러 종류의 '산과 염기 용액'에 잠기도록 <스페이스> 키를 누른 후 리트머스 종이의 변화를 관찰합니다.

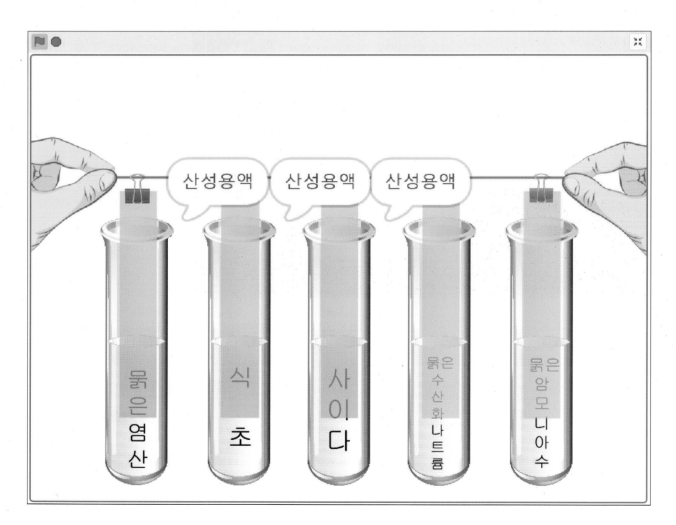

## POINT 01 교과 내용 파악하기

### ❶ 교과 연계

5학년 과학 [산과 염기]

### ❷ 교과 핵심 내용

① 물질은 그 성질에 따라 산성, 염기성, 중성을 띠고 있습니다.

② 산성 물질의 특징

  • 신맛이 납니다.

  • 레몬, 식초, 김치, 요구르트, 탄산음료, 묽은 염산 등이 있습니다.

③ 우리가 먹은 음식이 소화되는 과정

  • 쓴맛이 납니다.

  • 비누, 샴푸, 묽은 수산화나트륨, 묽은 암모니아수 등 미끈거리는 성질이 있습니다.

### ❸ 교과 핵심 확인 문제

다음 중 염기성인 물질은 어느 것입니까? (          )

① 비누          ② 사이다          ③ 요구르트          ④ 오렌지          ⑤ 김치

## ❶ 알고리즘

① [실행(🚩)] 버튼을 클릭하면 푸른 리트머스와 여러 가지 용액이 담겨 있는 시험관을 보여줍니다.

② 푸른 리트머스 종이를 여러 가지 용액이 담겨 있는 시험관에 잠기도록 [스페이스] 키를 눌렀는지 관찰합니다.

③ [스페이스] 키를 누르면 푸른 리트머스 종이를 여러 가지 용액이 담겨 있는 시험관에 잠기도록 이동시킨 후, 리트머스 종이의 색깔 변화를 확인하고 그 용액의 성질을 말합니다.

## ❷ 순서도

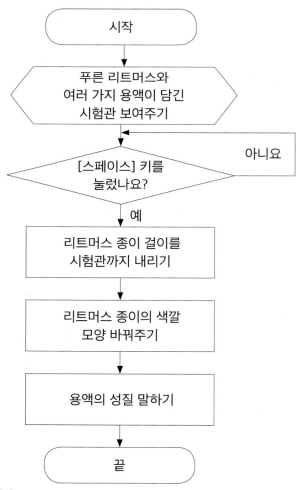

## POINT 03 프로젝트 시작하기

[08강] 폴더에서 '08강-산성 용액과 염기성 용액_예제.sb3' 파일을 엽니다.

### ① 시험관 준비하기

**묽은 염산**

① 초록깃발을 클릭했을 때 아래 블록 실행하기
② 'x: -158', 'y: -60'으로 이동하기로 위치 정하기

① [결과알리기] 신호를 받았을 때 아래 블록 실행하기
② '푸른 리트머스' 종이가 붉게 물들고 난 후 '산성용액'을 '2'초 동안 말하기

**식초**

① 초록깃발을 클릭했을 때 아래 블록 실행하기
② 'x :-78', 'y:-60'으로 이동하기로 위치 정하기

① [결과알리기] 신호를 받았을 때 아래 블록 실행하기
② '푸른 리트머스' 종이가 붉게 물들고 난 후 '산성용액'을 '2'초 동안 말하기

사이다

① 초록깃발을 클릭했을 때 아래 블록 실행하기
② 'x: 0', 'y: -60'으로 이동하기로 위치 정하기

① [결과알리기] 신호를 받았을 때 아래 블록 실행하기
② '푸른 리트머스' 종이가 붉게 물들고 난 후 '산성용액'을 '2'초 동안 말하기

묽은
수산화나트륨

① 초록깃발을 클릭했을 때 아래 블록 실행하기
② 'x: 78, y: -60'으로 이동하기로 위치 정하기

묽은
암모니아수

① 초록깃발을 클릭했을 때 아래 블록 실행하기
② 'x: 158, y: -60'으로 이동하기로 위치 정하기

## ❷ 푸른 리트머스 준비하기

① 초록깃발을 클릭했을 때 아래 블록들 실행하기
② 'x :0', 'y:100'으로 이동하기로 위치 정하기
③ 실험하기 전 모양인 [푸른리트머스01]로 바꾸기
④ 시험관에 리트머스 종이가 가려지지 않도록 맨 [앞쪽]으로 순서 바꾸기
⑤ '실험을 시작하려면 스페이스키를 누르세요.'를 '3'초 동안 말하기

푸른
리트머스

① [푸른리트머스] 신호를 받았을 때 아래 블록들 실행하기
② '5'초 동안 'x: 0', 'y: 0'으로 이동하여 '푸른리트머스' 종이가 시험관 용액에 닿는 위
치까지 내려오기
③ [투명도] 효과를 '25'만큼 바꾸어 '푸른리트머스' 종이에 시험관이 비치는 효과 주기

푸른
리트머스

④ '푸른리트머스' 종이가 '시험관'에 닿을 때를 감지하기 위하여 블록 안의 블록들 무
한 반복하기

⑤ 만약 '푸른리트머스' 색이 시험관 용액 색에 닿았으면 안쪽 블록들 실행하기

⑥ 산성용액에 담긴 푸른 리트머스 부분만 붉은색으로 변한 [푸른리트머스02] 모양으
로 바꾸기

⑦ 어떤 성질인지 말하는 [결과알리기] 신호 보내기

## ❸ 무대 코딩하기

무대

① 초록색 깃발을 클릭했을 때 아래 블록들 실행하기

② [스페이스] 키를 눌렀는지 감지하기 위해 블록 안의 블록들 무한 반복하기

③ 만약 [스페이스] 키를 눌렀다면 안쪽 블록 실행하기

④ 실험을 시작하는 [푸른리트머스] 신호 보내기

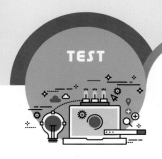

TEST

# 사고력 향상 문제

CODING

⊙ **예제 파일** : 08강-산성 용액과 염기성 용액_완성.sb3
⊙ **완성 파일** : 08강-산성 용액과 염기성 용액_사고력향상_완성.sb3
⊙ **추가 스프라이트** : 붉은리트머스.sprite2

❶ [감지] 팔레트의 What's your name? 라고 묻고 기다리기 블록과 대답 블록을 이용하여, 실험할 리트머스를 선택하도록 수정해보세요.

❷ '푸른리트머스' 스프라이트와 같은 방법으로 '붉은리트머스' 스프라이트도 추가하여 스크립트를 작성해보세요.

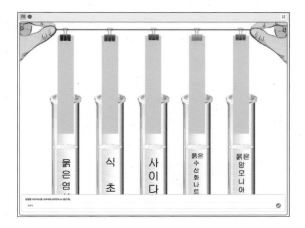

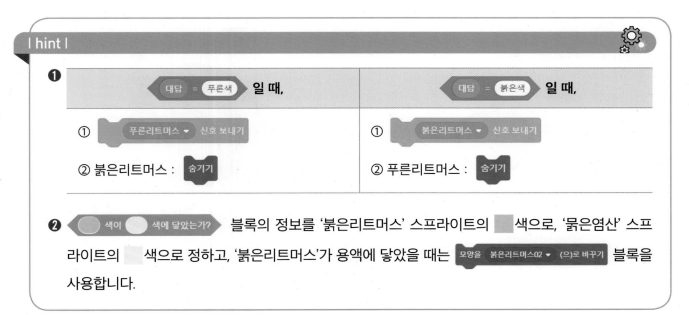

| hint |

❶

| 대답 = 푸른색 일 때, | 대답 = 붉은색 일 때, |
|---|---|
| ① 푸른리트머스 ▼ 신호 보내기 | ① 붉은리트머스 ▼ 신호 보내기 |
| ② 붉은리트머스 : 숨기기 | ② 푸른리트머스 : 숨기기 |

❷ ◯ 색이 ◯ 색에 닿았는가? 블록의 정보를 '붉은리트머스' 스프라이트의 ▮ 색으로, '묽은염산' 스프라이트의 ▯ 색으로 정하고, '붉은리트머스'가 용액에 닿았을 때는 모양을 붉은리트머스02 ▼ (으)로 바꾸기 블록을 사용합니다.

# 볼록 렌즈

연산 블록은 숫자 계산이나 등호와 부등호를 이용한 논리값 비교 및 문자열 결합 등의 기능을 하는 블록입니다. 사물을 확대해서 보는 볼록 렌즈로 과일을 확대해봅니다.

⚙ **예제 파일** : 9강-볼록 렌즈_예제.sb3
⚙ **완성 파일** : 9강-볼록 렌즈_완성.sb3
⚙ **사용 방법** : 볼록 렌즈를 과일에 가져가면 선택한 확대 크기에 따라 과일이 확대됩니다.

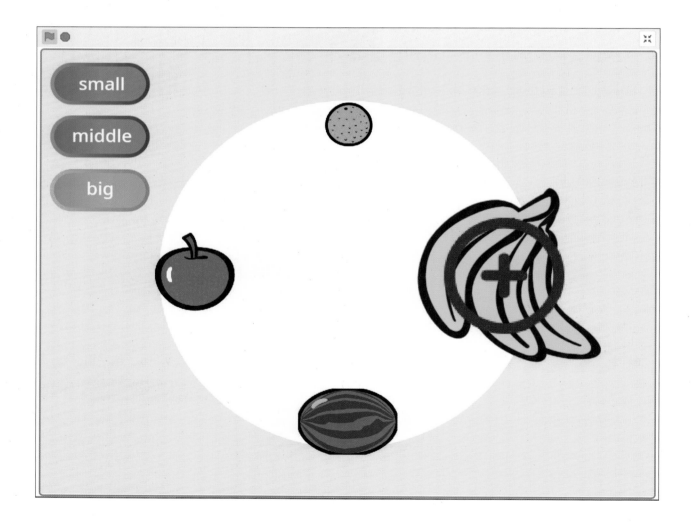

## POINT 01 | 교과 내용 파악하기

### ❶ 교과 연계

6학년 과학 [렌즈의 이용]

### ❷ 교과 핵심 내용

① **볼록 렌즈** : 가운데 부분이 가장자리 부분보다 두꺼운 모양의 렌즈입니다.

② **볼록 렌즈를 이용한 안경**

　✳ **원시경** : 가까운 물체를 선명하게 보지 못한 경우에 사용합니다.

③ **오목 렌즈** : 가운데 부분이 가장자리 부분보다 얇은 모양의 렌즈입니다.

④ **오목 렌즈를 이용한 안경**

　✳ **근시경** : 멀리 있는 물체를 선명하게 보지 못한 경우에 사용합니다.

### ❸ 교과 핵심 확인 문제

**볼록 렌즈와 오목 렌즈에 대한 설명으로 맞지 않는 것은 무엇인가요? (　　　　)**

① 볼록 렌즈로 가까이 있는 물체를 보면 똑바로 보입니다.

② 오목 렌즈로 가까이 있는 물체를 보면 똑바로 보입니다.

③ 오목 렌즈로 멀리 있는 물체를 보면 똑바로 보입니다.

④ 볼록 렌즈로 본 물체는 언제나 크게 보입니다.

## ❶ 알고리즘

① [실행(🏳)] 버튼을 클릭하고, 'small' 스프라이트, 'middle' 스프라이트, 'big' 스프라이트 중 하나를 클릭한 후 '볼록 렌즈' 스프라이트를 클릭합니다.

② '볼록 렌즈' 스프라이트를 '사과' 스프라이트, '오렌지' 스프라이트, '바나나' 스프라이트, '수박' 스프라이트로 가지고 가면 각 스프라이트가 확대됩니다.

## ❷ 순서도

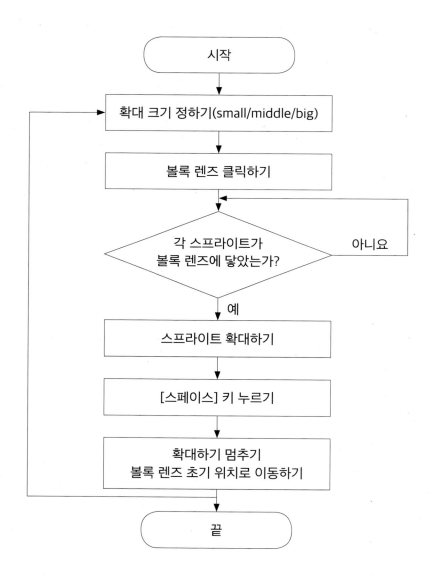

## POINT 03 프로젝트 시작하기

[9강] 폴더에서 '9강-볼록 렌즈_예제.sb3' 파일을 엽니다.

### ❶ 볼록 렌즈 선택하기

① 초록깃발을 클릭했을 때 아래 블록들 실행하기
② 'x: 0', 'y: 0'으로 이동하기로 위치 정하기
③ 모양을 [볼록 렌즈]로 바꾸기

④ 변수 [x], [y], [확대크기] 만들기
⑤ 변수 [x]의 초기값을 '0'으로 정하기
⑥ 변수 [y]의 초기값을 '0'으로 정하기
⑦ 변수 [확대크기]를 '10'만큼씩 바꾸기

볼록 렌즈

① 이 스프라이트를 클릭했을 때 아래 블록들 실행하기
② 블록 안의 블록들을 무한 반복하기
③ [마우스 포인터] 위치로 이동하기
④ 맨 [앞쪽]에 나타내기

① [스페이스] 키를 눌렀을 때 아래 블록들 실행하기
② 'x: 0', 'y: 0'으로 이동하기로 위치 정하기
③ 이 스프라이트에 있는 다른 스크립트 멈추기

## ❷ 사과 위치 이동하고 크기 설정하기

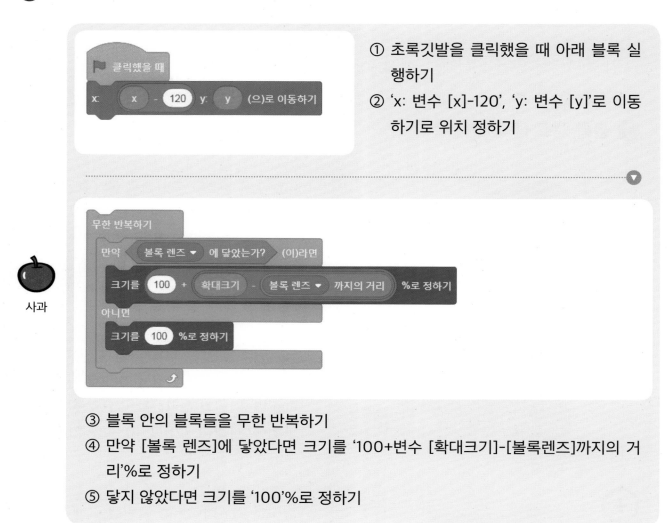

① 초록깃발을 클릭했을 때 아래 블록 실행하기
② 'x: 변수 [x]-120', 'y: 변수 [y]'로 이동하기로 위치 정하기

③ 블록 안의 블록들을 무한 반복하기
④ 만약 [볼록 렌즈]에 닿았다면 크기를 '100+변수 [확대크기]-[볼록렌즈]까지의 거리'%로 정하기
⑤ 닿지 않았다면 크기를 '100'%로 정하기

| tip | 과일별 블록 입력 정보

'사과' 스프라이트를 복사하고, 나머지 '과일' 스프라이트에 스크립트도 수정하기

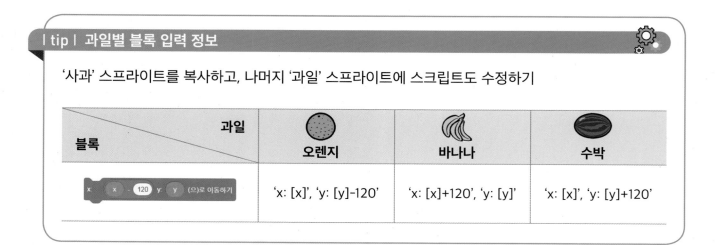

| 블록 \ 과일 | 오렌지 | 바나나 | 수박 |
|---|---|---|---|
| x (x - 120) y (y) (으)로 이동하기 | 'x: [x]', 'y: [y]-120' | 'x: [x]+120', 'y: [y]' | 'x: [x]', 'y: [y]+120' |

## ❸ 확대 크기 정하기

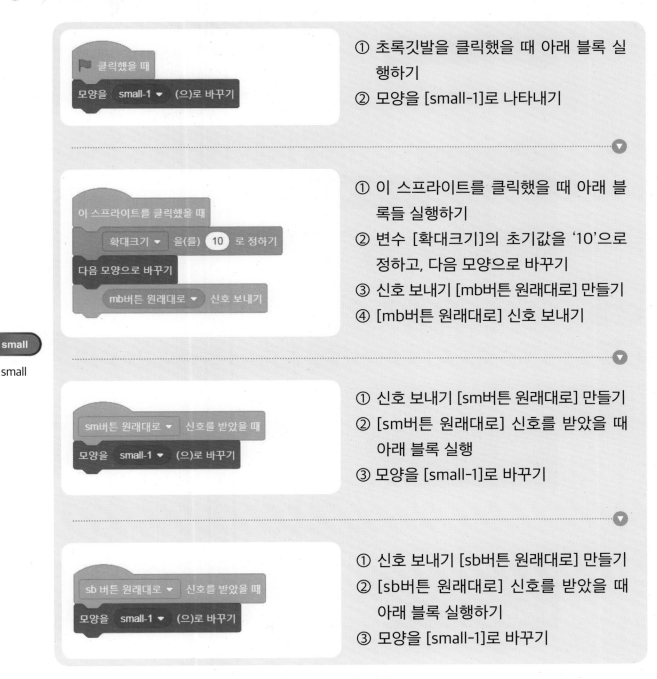

① 초록깃발을 클릭했을 때 아래 블록 실행하기
② 모양을 [small-1]로 나타내기

① 이 스프라이트를 클릭했을 때 아래 블록들 실행하기
② 변수 [확대크기]의 초기값을 '10'으로 정하고, 다음 모양으로 바꾸기
③ 신호 보내기 [mb버튼 원래대로] 만들기
④ [mb버튼 원래대로] 신호 보내기

① 신호 보내기 [sm버튼 원래대로] 만들기
② [sm버튼 원래대로] 신호를 받았을 때 아래 블록 실행
③ 모양을 [small-1]로 바꾸기

① 신호 보내기 [sb버튼 원래대로] 만들기
② [sb버튼 원래대로] 신호를 받았을 때 아래 블록 실행하기
③ 모양을 [small-1]로 바꾸기

① 초록깃발을 클릭했을 때 아래 블록 실행하기
② 모양을 [middle-1]로 바꾸기

middle

middle

① 이 스프라이트를 클릭했을 때 아래 블록들 실행하기
② 변수 [확대크기]의 초기값을 '[확대크기]+30'으로 정하고, 다음 모양으로 바꾸기
③ 다른 버튼을 초기 모양으로 바꾸기 위해 [sb버튼 원래대로] 신호 보내기

① [sm버튼 원래대로] 신호를 받았을 때 아래 블록 실행하기
② 모양을 [middle-1]로 바꾸기

① [mb버튼 원래대로] 신호를 받았을 때 아래 블록 실행하기
② 모양을 [middle-1]로 바꾸기

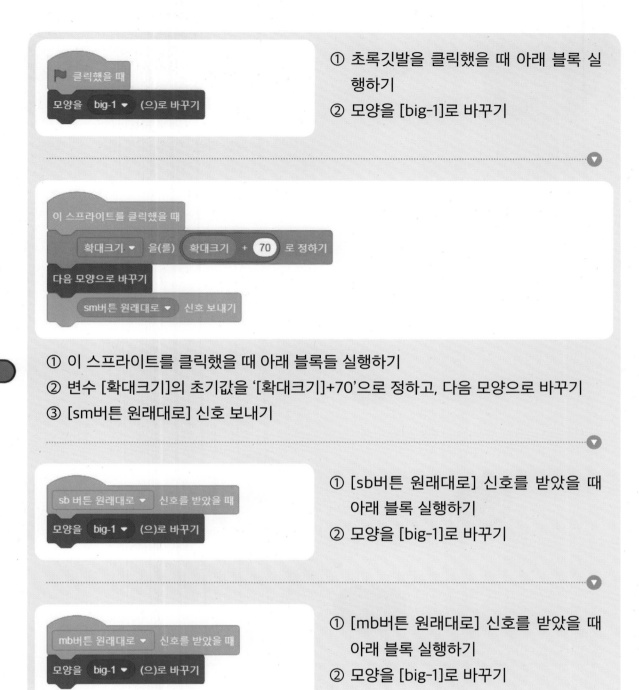

① 초록깃발을 클릭했을 때 아래 블록 실행하기
② 모양을 [big-1]로 바꾸기

① 이 스프라이트를 클릭했을 때 아래 블록들 실행하기
② 변수 [확대크기]의 초기값을 '[확대크기]+70'으로 정하고, 다음 모양으로 바꾸기
③ [sm버튼 원래대로] 신호 보내기

① [sb버튼 원래대로] 신호를 받았을 때 아래 블록 실행하기
② 모양을 [big-1]로 바꾸기

① [mb버튼 원래대로] 신호를 받았을 때 아래 블록 실행하기
② 모양을 [big-1]로 바꾸기

big

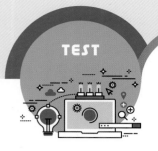

CODING

# 사고력 향상 문제

⊕ **예제 파일** : 09강-볼록 렌즈_완성.sb3
⊕ **완성 파일** : 09강-볼록 렌즈_사고력향상_완성.sb3

❶ '오목 렌즈' 스프라이트를 사용하여 과일 크기를 축소해보세요.

❷ '오목 렌즈'와 '과일' 스프라이트의 거리를 '30'으로 변경하고 과일 크기를 축소
해보세요.

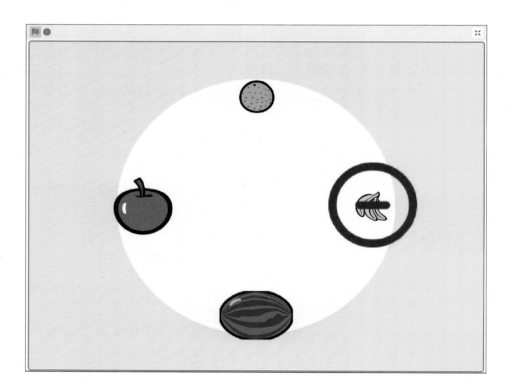

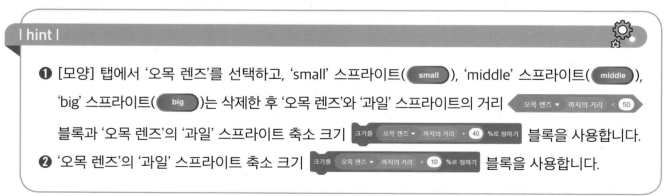

| hint |

❶ [모양] 탭에서 '오목 렌즈'를 선택하고, 'small' 스프라이트( small ), 'middle' 스프라이트( middle ),
'big' 스프라이트( big )는 삭제한 후 '오목 렌즈'와 '과일' 스프라이트의 거리 〈 오목 렌즈 ▼ 까지의 거리 < 50 〉
블록과 '오목 렌즈'의 '과일' 스프라이트 축소 크기 크기를 오목 렌즈 ▼ 까지의 거리 + 40 %로 정하기 블록을 사용합니다.

❷ '오목 렌즈'의 '과일' 스프라이트 축소 크기 크기를 오목 렌즈 ▼ 까지의 거리 + 10 %로 정하기 블록을 사용합니다.

# SECTION 10

# 직렬 전기 회로

변수 블록은 어떤 값을 저장하는 장소를 다룹니다. 변수 블록의 변수를 사용해서 직렬 전기 회로가 연결되면 전구가 켜지고 연결되지 않으면 전구가 꺼지도록 합니다.

- ⊕ **예제 파일** : 10강-직렬 전기 회로_예제.sb3
- ⊕ **완성 파일** : 10강-직렬 전기 회로_완성.sb3
- ⊕ **사용 방법** : 직렬 전기회로에서 스위치를 클릭할 때마다 On/Off가 변경되어 전구가 켜지고 꺼집니다.

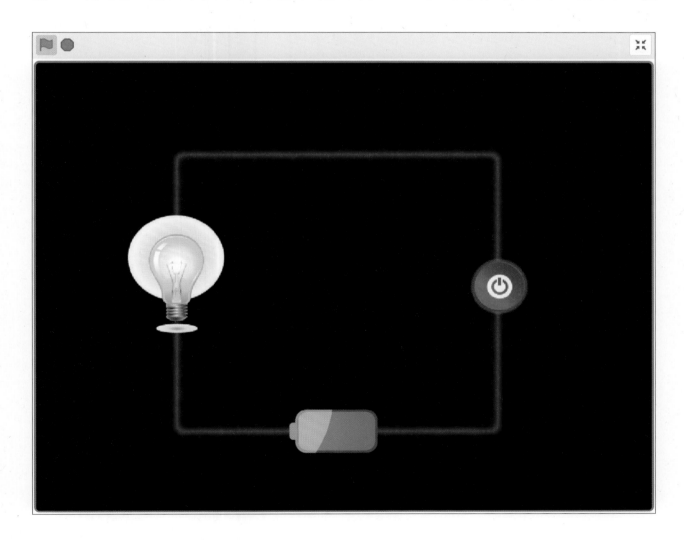

## ❶ 교과 연계

6학년 과학 [전기의 작용]

## ❷ 교과 핵심 내용

① 전기 회로의 전구가 켜지는 까닭은 전지가 전기 부품의 도체 부분에 전기를 흐르게 하기 때문입니다.

② 전기 회로에서 흐르는 전기를 전류라고 합니다.

## ❸ 교과 핵심 확인 문제

**다음 설명에서 이것에 해당하는 것은 무엇일까요? (          )**

> 전기 회로의 전구가 켜지는 까닭은 전지가 전기 부품의 도체 부분에 전기를 흐르게 하기 때문입니다. 이때, 전기 회로에서 흐르는 전기를 이것이라고 합니다.

① 도체       ② 부도체       ③ 전기 회로       ④ 전류       ⑤ 전구

## POINT 02 생각하기

### ❶ 알고리즘

① [실행(🚩)] 버튼을 클릭한 다음 '스위치' 스프라이트를 클릭합니다.
② 전선에 '전구' 스프라이트와 '전지' 스프라이트가 연결되어 있고 스위치가 On 상태이면 전구가 켜지고 스위치가 Off 상태이면 전구가 꺼집니다.

### ❷ 순서도

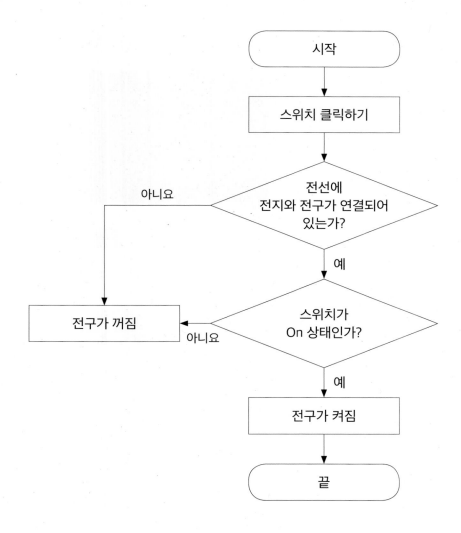

**프로젝트 시작하기**

[10강] 폴더에서 '10강-직렬 전기 회로_예제.sb3' 파일을 엽니다.

### ① 변수 만들기

프로젝트에 사용될 변수를 [변수] 팔레트의 변수 만들기( 변수 만들기 )를 클릭하여 만듭니다. 만들어진 변수는 블록 앞에 있는 체크상자( ☑ )의 체크를 해제하여 무대에 보이지 않게 설정합니다.

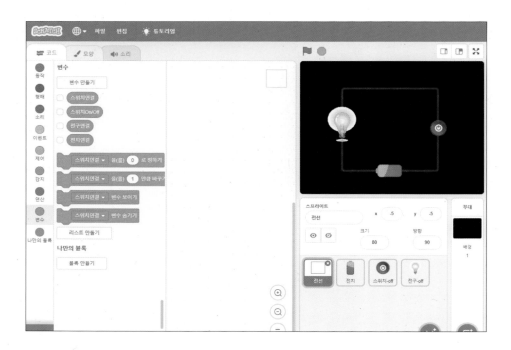

## ❷ 전선 및 변수값 초기화하기

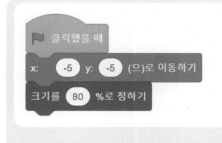

전선

① 초록깃발을 클릭했을 때 아래 블록들 실행하기
② 'x: -5', 'y: -5'로 이동하기로 위치 정하기
③ 크기를 '80'%로 정하기

④ [스위치On/Off] 변수값을 '0'으로 정하기
⑤ [스위치연결] 변수값을 '0'으로 정하기
⑥ [전구연결] 변수값을 '0'으로 정하기
⑦ [전지연결] 변수값을 '0'으로 정하기

## ❸ 전지 코딩하기

전지

① 초록깃발을 클릭했을 때 아래 블록들 실행하기
② 'x: -8', 'y: -117'로 이동하기로 위치 정하기
③ 크기를 '40'%로 정하기
④ 가로로 눕히기 위해 '0'도 방향 보기

⑤ 블록 안의 블록들을 무한 반복하기
⑥ 만약 [전선]에 [전지]가 닿았다면
⑦ [전지연결]을 '1'로 정하기
⑧ 아니면 [전지연결]을 '0'으로 정하기

# ❹ 스위치 코딩하기

**스위치**

① 초록깃발을 클릭했을 때 아래 블록들 실행하기
② 'x: 121', 'y: -1'로 이동하기로 위치 정하기
③ 크기를 '60'%로 정하기
④ 모양을 [스위치-off]로 바꾸기

④ 블록 안의 블록들을 무한 반복하기
⑤ 만약 [전선]에 [스위치]가 닿았다면
⑥ [스위치연결]을 '1'로 정하기
⑦ 아니면 [스위치연결]을 '0'으로 정하기

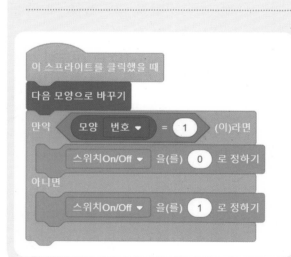

① 이 스프라이트를 클릭했을 때 아래 블록들 실행하기
② 다음 모양으로 바꾸기
③ 만약 [모양 번호]가 '1'과 같다면
④ [스위치On/Off]를 '0'으로 정하기
⑤ 아니면 [스위치On/Off]를 '1'로 정하기

# ❺ 전구 코딩하기

① 초록깃발을 클릭했을 때 아래 블록들 실행하기
② 'x: -131', 'y: 9'로 이동하기로 위치 정하기
③ 크기를 '60'%로 정하기
④ 모양을 [전구-off]로 바꾸기

⑤ 만약 [전선]에 [전구]가 닿았다면
⑥ [전구연결]을 '1'로 정하기
⑦ 아니면 [전구연결]을 '0'으로 정하기

전구

⑧ 만약 [전구연결], [전지연결], [스위치연결], [스위치On/Off]가 모두 '1'과 같다면
⑨ 모양을 [전구On]으로 바꾸기
⑩ 아니면 모양을 [전구Off]로 바꾸기

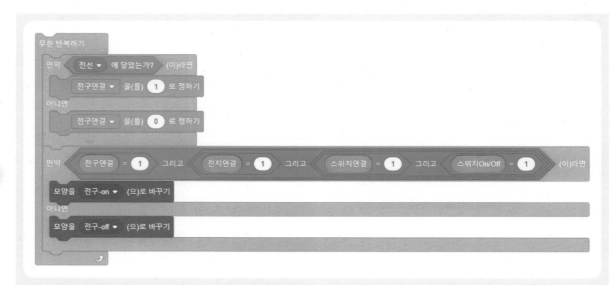

전구

⑪ 직렬 전기 회로가 연결되었는지 계속 확인하기 위해서 ⑤~⑩번 블록들을 무한 반복하기

# 사고력 향상 문제

⊕ **예제 파일** : 10강-직렬 전기 회로_완성.sb3
⊕ **완성 파일** : 10강-직렬 전기 회로_사고력향상_완성.sb3

❶ '스위치' 스프라이트를 클릭하는 대신 마우스가 닿으면 스프라이트 모양과 스위치On/Off 변수값이 바뀌는 스크립트를 작성하세요.

❷ 직렬 전기 회로가 완성되었을 경우 '전구' 스프라이트의 색을 계속 바꾸는 스크립트를 작성하세요.

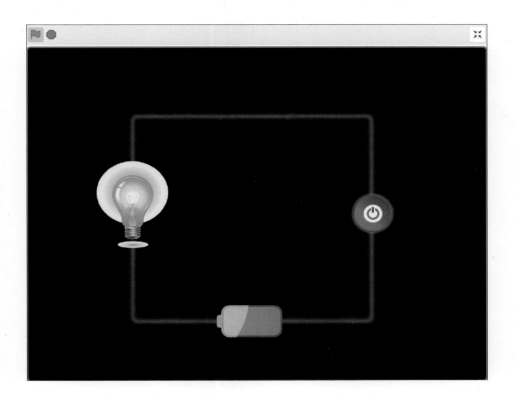

| hint |

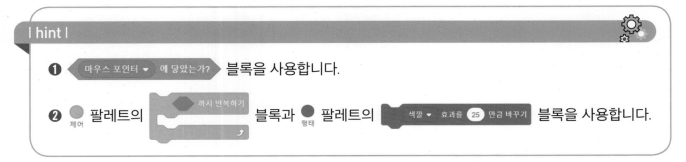

❶ 마우스 포인터 ▾ 에 닿았는가? 블록을 사용합니다.

❷ ● 팔레트의 까지 반복하기 블록과 ● 팔레트의 색깔 ▾ 효과를 25 만큼 바꾸기 블록을 사용합니다.

# SECTION 11

# 비밀가루 알아맞히기

어떤 일에 대하여 추리하는 것은 맞을 수도 있고 틀릴 수도 있습니다. 추리의 옳고 그름을 판단하는 과정을 통해 비밀가루가 무엇인지 알아봅니다.

⊕ **예제 파일** : 11강-비밀가루 알아맞히기_예제.sb3
⊕ **완성 파일** : 11강-비밀가루 알아맞히기_완성.sb3
⊕ **사용 방법** : 비밀가루에 대해 설명하는 것을 추리하여 비밀가루가 무엇인지 알아맞힙니다.

# POINT 01 교과 내용 파악하기

## ❶ 교과 연계

4학년 과학 [기초 탐구 활동 익히기]

## ❷ 교과 핵심 내용

① 추리란 사물이나 사건, 현상을 관찰한 결과를 논리적으로 해석하는 과정을 의미입니다.

② 추리는 직접 관찰한 사실과 이전에 알고 있던 지식이나 경험하였던 사실을 연관시키는 과정을 통해 이루어집니다.

## ❸ 교과 핵심 확인 문제

다음 설명은 무엇에 대한 것인가요? (          )

> 사물이나 사건, 현상을 관찰한 결과를 논리적으로 해석하는 과정을 (          )라고 합니다.

## ❶ 알고리즘

① [실행(🏳)] 버튼을 클릭하면 '해설자' 스프라이트가 4단계에 걸쳐 설명합니다.
② 각 단계 설명에 해당하는 가루는 남고 나머지는 숨겨서 최종적으로 하나의 가루만 남게 됩니다.

## ❷ 순서도

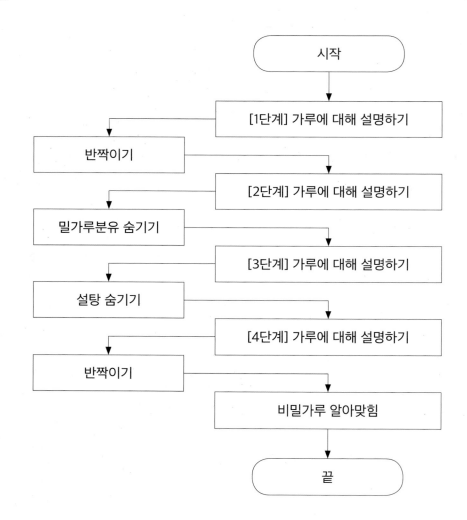

## POINT 03 프로젝트 시작하기

[11강] 폴더에서 '11강-비밀가루 알아맞히기_예제.sb3' 파일을 엽니다.

### ❶ 해설자 : 가루에 대해 4단계 설명하기

① 초록깃발을 클릭했을 때 아래 블록들 실행하기
② '이것은 무엇일까요?'를 '5'초 말하기

해설자

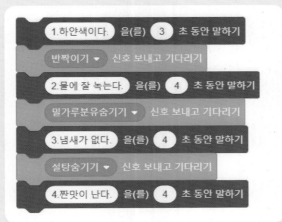

③ 4가지 특징('1.하얀색이다.', '2.물에 잘 녹는다.', '3.냄새가 없다.' '4.짠맛이 난다.')을 각각 '3'초와 '4'초 동안 말하기
④ 각 특징에 해당하는 가루만 남기기 위해 [반짝이기], [밀가루분유숨기기], [설탕숨기기]를 순서대로 신호 보내고 기다리기

⑤ [소금이동하기] 신호 보내기
⑥ '이것은 소금입니다.'를 '4'초 동안 말하기

SECTION 11 비밀가루 알아맞히기 | 095 |

## ❷ 밀가루&분유와 설탕 표현하기

① 초록깃발을 클릭했을 때 아래 블록들 실행하기
② 'x: -66', 'y: 103'으로 이동하기로 위치 정하기
③ '밀가루' 스프라이트 보여주기
④ '밀가루' 말하기

밀가루

① [반짝이기] 신호를 받았을 때 아래 블록들 실행하기
② [밝기] 효과를 '-5'만큼 바꾸기 '10'번 반복하기
③ [밝기] 효과를 '5'만큼 바꾸기 '10'번 반복하기

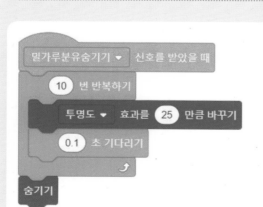

① [밀가루분유숨기기] 신호를 받았을 때 아래 블록들 실행하기
② [투명도] 효과를 '25'만큼 바꾸기를 '0.1'초 간격으로 '10'번 반복하기
③ '밀가루' 스프라이트 숨기기

| 설탕 | 분유 |
|---|---|
| ▶ 클릭했을 때<br>x: 55 y: 103 (으)로 이동하기<br>보이기<br>설탕 말하기 | ▶ 클릭했을 때<br>x: 162 y: 103 (으)로 이동하기<br>보이기<br>분유 말하기 |
| 반짝이기 ▾ 신호를 받았을 때<br>10 번 반복하기<br>밝기 ▾ 효과를 -5 만큼 바꾸기<br>10 번 반복하기<br>밝기 ▾ 효과를 5 만큼 바꾸기 | 반짝이기 ▾ 신호를 받았을 때<br>10 번 반복하기<br>밝기 ▾ 효과를 -5 만큼 바꾸기<br>10 번 반복하기<br>밝기 ▾ 효과를 5 만큼 바꾸기 |
| 설탕숨기기 ▾ 신호를 받았을 때<br>10 번 반복하기<br>투명도 ▾ 효과를 25 만큼 바꾸기<br>0.1 초 기다리기<br>숨기기 | 밀가루분유숨기기 ▾ 신호를 받았을 때<br>10 번 반복하기<br>투명도 ▾ 효과를 25 만큼 바꾸기<br>0.1 초 기다리기<br>숨기기 |

## ③ 비밀가루인 소금 표현하기

① 초록깃발을 클릭했을 때 아래 블록들 실행하기
② 'x: -172', 'y: 103'으로 이동하기로 위치 정하기
③ 크기를 '100'%로 정하기
④ '소금' 말하기

소금

① [반짝이기] 신호를 받았을 때 아래 블록들 실행하기
② [밝기] 효과를 '-5'만큼 바꾸기 '10'번 반복하기
③ [밝기] 효과를 '5'만큼 바꾸기 '10'번 반복하기

① [소금이동하기] 신호를 받았을 때 아래 블록들 실행하기
② '3'초 동안 'x: -47', 'y: 70'으로 이동하기
③ 크기를 '2'만큼 바꾸기를 '25'번 반복하기

CODING

# 사고력 향상 문제

⊛ **예제 파일** : 11강-비밀가루 알아맞히기_완성.sb3
⊛ **완성 파일** : 11강-비밀가루 알아맞히기_사고력향상_완성.sb3

❶ 비밀가루가 '설탕'이 되도록 해설자의 설명을 수정하세요.

❷ 1번의 수정사항이 반영되도록 '설탕' 스프라이트와 '소금' 스프라이트의 코딩을 수정하세요.

| hint |

❶ ① 3번째 설명 : 3.흑색/갈색/흰색이 있다.
   ② 4번째 설명 : 4.단맛이 난다.

❷ ① '소금' 스프라이트() : [소금숨기기] 신호 보내고 기다리기
   ② '설탕' 스프라이트(🍚) : [설탕이동하기] 신호 보내기

SECTION 11 비밀가루 알아맞히기 | **099** |

# SECTION 12

# 인체모형 맞추기

뼈는 몸을 지탱하여 근육과 함께 우리 몸을 움직이게 합니다. 인체모형을 통해 우리 몸의 뼈 위치를 맞추어 봅니다.

- ⚙ **예제 파일** : 12강-인체모형 맞추기_예제.sb3
- ⚙ **완성 파일** : 12강-인체모형 맞추기_완성.sb3
- ⚙ **사용 방법** : 뼈를 인체모형에 드래그하여 맞추어 봅니다.

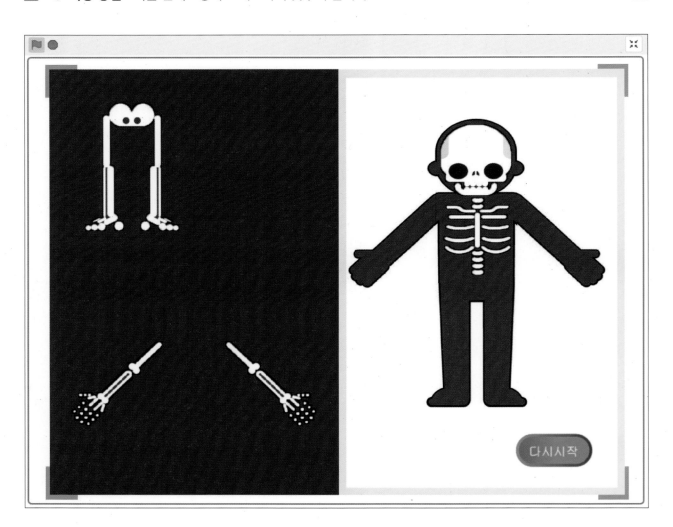

## 교과 내용 파악하기

### ❶ 교과 연계

5학년 과학 [우리 몸의 구조와 기능]

### ❷ 교과 핵심 내용

① 뼈는 몸을 지탱하며, 근육과 함께 우리 몸을 움직이게 합니다.
② 근육은 뼈에 연결되어 뼈를 움직일 수 있게 합니다.

### ❸ 교과 핵심 확인 문제

몸을 지탱하며, 근육과 함께 우리 몸을 움직이게 하는 것은 무엇일까요? (                    )

## ① 알고리즘

① [실행( )] 버튼을 클릭하면 '뼈' 스프라이트와 '인체' 스프라이트가 보여집니다.

② '뼈' 스프라이트를 드래그하여 '인체' 스프라이트에 닿으면 그 위치로 이동합니다.

③ '다시시작' 스프라이트를 클릭하면 모두 제자리로 돌아갑니다.

## ② 순서도

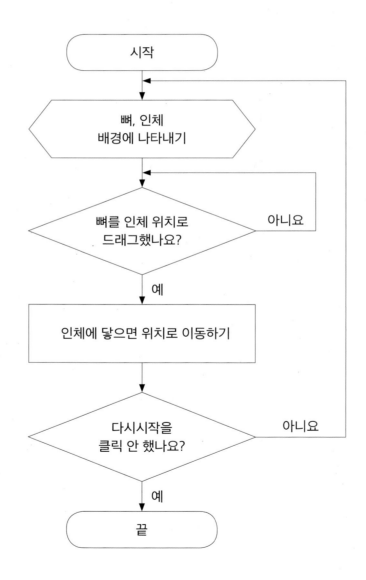

## POINT 03 | 프로젝트 시작하기

[12강] 폴더에서 '12강-인체모형 맞추기_예제.sb3' 파일을 엽니다.

### ❶ 머리 위치 이동하고 크기 설정하기

머리

① 초록깃발을 클릭했을 때 아래 블록들 실행하기
② 'x: 110', 'y: 100'으로 이동하기로 위치 정하기
③ 크기를 '60'%로 정하고 '머리' 보이기

| tip | 인체별 블록 입력 정보

'머리' 스프라이트를 복사하고, 나머지 '인체' 스프라이트에 스크립트도 수정하기

| 블록 / 인체 | 몸통 | 팔 | 다리 |
|---|---|---|---|
| x: ◯ y: ◯ (으)로 이동하기 | 'x: 110', 'y: 35' | 'x: 110', 'y: 35' | 'x: 109', 'y: -40' |

## ❷ 머리뼈 위치 이동하기

① 초록깃발을 클릭했을 때 아래 블록들 실행하기
② 'x: -110', 'y: 0'으로 이동하기로 위치 정하기
③ 크기를 '60'%로 정하고 '머리뼈' 보이기

머리뼈

④ 블록 안의 블록들을 무한 반복하기
⑤ 만약 [머리]에 닿았다면 [머리] 위치로 이동하기

① 신호 보내기 [다시시작] 만들기
② [다시시작] 신호를 받았을 때 아래 블록 실행하기
③ 'x: -110', 'y: 0'으로 이동하기로 위치 정하기

---

| tip | 뼈별 블록 입력 정보

'머리뼈' 스프라이트를 복사하고, 나머지 '인체뼈' 스프라이트에 스크립트도 수정하기

| 블록 \ 뼈 | 몸통뼈 | 팔뼈 | 다리뼈 |
|---|---|---|---|
| x ( ) y ( ) (으)로 이동하기 | 'x: -60', 'y: 100' | 'x: -110', 'y: -80' | 'x: -160', 'y: 100' |
| 머리 ▾ 에 닿았는가? | [몸통] | [팔] | [다리] |
| 머리 ▾ (으)로 이동하기 | [몸통] | [팔] | [다리] |

## ❸ [다시시작] 버튼 설정하기

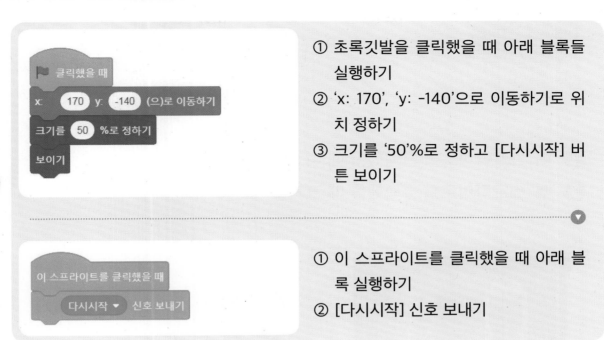

다시시작

① 초록깃발을 클릭했을 때 아래 블록들 실행하기
② 'x: 170', 'y: -140'으로 이동하기로 위치 정하기
③ 크기를 '50'%로 정하고 [다시시작] 버튼 보이기

---

① 이 스프라이트를 클릭했을 때 아래 블록 실행하기
② [다시시작] 신호 보내기

# 사고력 향상 문제

⚙ **예제 파일** : 12강-인체모형 맞추기_완성.sb3
⚙ **완성 파일** : 12강-인체모형 맞추기_사고력향상_완성.sb3

❶ '뼈' 스프라이트를 클릭했을 때 뼈 이름을 말해보세요.

❷ '뼈' 스프라이트를 클릭했을 때 크기를 커졌다 작게 바꾸어 보세요.

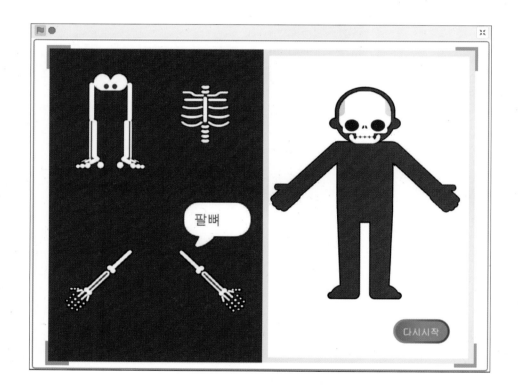

| hint |

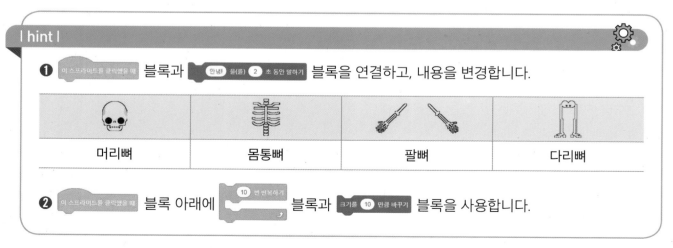

❶ `이 스프라이트를 클릭했을 때` 블록과 `안녕! 을(를) 2 초 동안 말하기` 블록을 연결하고, 내용을 변경합니다.

| 머리뼈 | 몸통뼈 | 팔뼈 | 다리뼈 |
|---|---|---|---|

❷ `이 스프라이트를 클릭했을 때` 블록 아래에 `10 번 반복하기` 블록과 `크기를 10 만큼 바꾸기` 블록을 사용합니다.

# SECTION 13

# 탄산수 만들기

시트르산과 탄산수소나트륨이 반응하면 이산화탄소가 발생합니다. 우리 생활 속에서 이와 같이 반응하는 탄산수가 어떻게 만들어지는지 표현해봅니다.

⊙ **예제 파일** : 13강-탄산수 만들기_예제.sb3
⊙ **완성 파일** : 13강-탄산수 만들기_완성.sb3
⊙ **사용 방법** : 탄산수소나트륨을 클릭하여 비커에 닿으면 이산화탄소가 발생합니다.

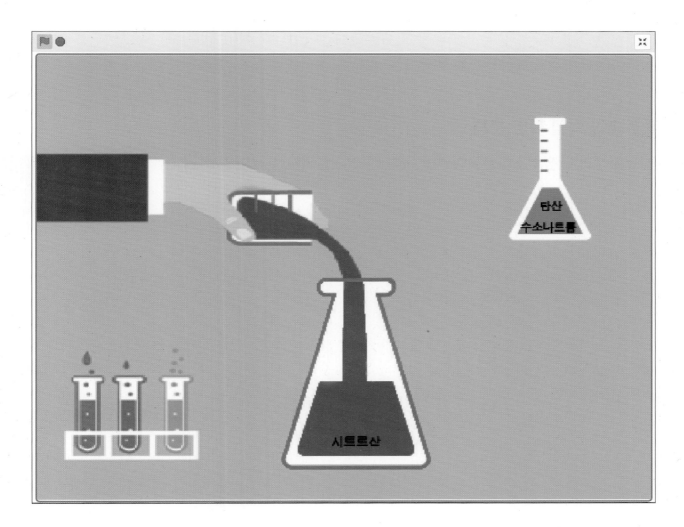

## POINT 01 교과 내용 파악하기

### ❶ 교과 연계

6학년 과학 [여러 가지 기체]

### ❷ 교과 핵심 내용

① **시트르산** : 신맛이 나는 과일에 많이 들어 있는 산입니다.

② **탄산수소나트륨** : 베이킹파우더로 알려져 있습니다.

③ **탄산수 만들기**

- 비커에 물을 담아 시트르산과 탄산수소나트륨을 넣습니다.
- 이산화탄소를 관찰합니다.

### ❸ 교과 핵심 확인 문제

시트르산과 탄산수소나트륨이 반응하여 나타나는 기포는 무엇일까요? (                )

## POINT 02 생각하기

### ❶ 알고리즘

① [실행(▶)] 버튼을 클릭하면 배경에 '탄산수소나트륨' 스프라이트, '비커' 스프라이트, '이산화탄소' 스프라이트가 보여집니다.

② '탄산수소나트륨' 스프라이트를 클릭하면 마우스 포인터를 따라다니다가 '비커' 스프라이트에 닿으면서 클릭하면 비커 모양이 바뀐 후 '이산화탄소' 스프라이트가 나타나고, 정해진 위치로 이동 후 멈춥니다.

### ❷ 순서도

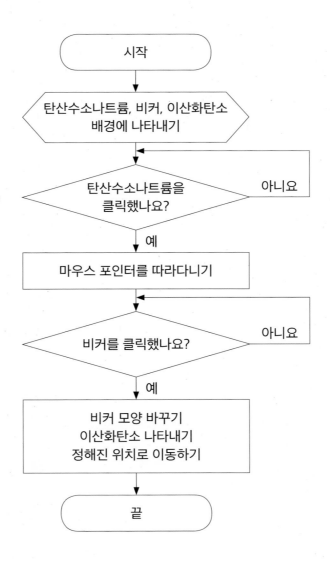

# 프로젝트 시작하기

[13강] 폴더에서 '13강-탄산수 만들기_예제.sb3' 파일을 엽니다.

## ❶ 탄산수소나트륨 위치 이동하고 신호 보내기

**탄산수소 나트륨**

① 초록깃발을 클릭했을 때 아래 블록 실행하기
② 'x: 160', 'y: 79'로 이동하기로 위치 정하기

③ 배경을 [배경1]로 바꾸기
④ 모양을 [탄산수소나트륨1]로 바꾸기
⑤ 맨 [앞쪽]으로 순서 바꿔 탄산수소나트륨 보이기

① 신호 보내기 [바꾸기] 만들기
② 이 스프라이트를 클릭했을 때 배경과 모양을 바꾸기 위해 [바꾸기] 신호 보내기

③ 탄산수소나트륨을 비커에 클릭할 때까지 [마우스 포인터] 위치로 계속 이동하기

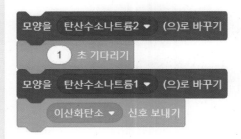

④ 탄산수소나트륨을 비커에 클릭할 때까지 기다리기

탄산수소
나트륨

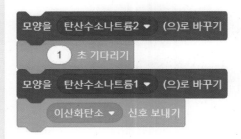

⑤ 실행했다면 모양을 [탄산수소나트륨2]로 바꾸고, '1'초 기다렸다 모양을 [탄산수소나트륨1]로 바꾸기
⑥ 이산화탄소가 위로 이동하기 위해 신호보내기 [이산화탄소] 만들기
⑦ [이산화탄소] 신호 보내기

① [이산화탄소] 신호를 받았을 때 아래블록들 실행하기
② '4'초 동안 'x: 160', 'y: -100'으로 이동하기로 위치 정하기
③ 신호 보내기 [멈추기] 만들기
④ [멈추기] 신호 보내기

① [멈추기] 신호를 받았을 때 아래 블록실행하기
② 모든 스크립트 멈추기

## ❷ 비커 모양 바꾸기

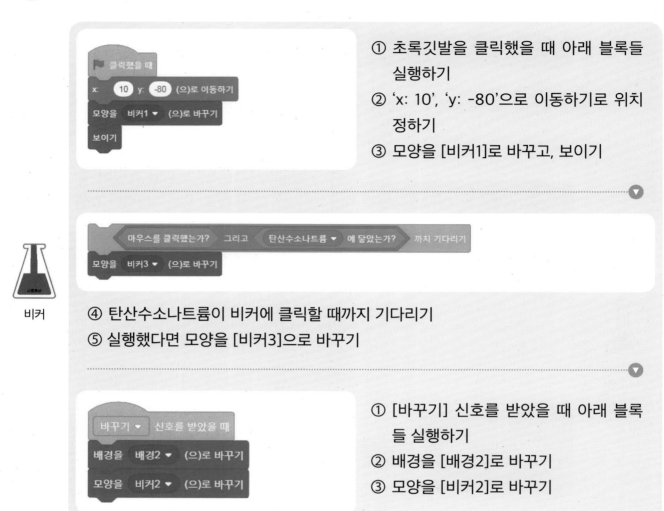

① 초록깃발을 클릭했을 때 아래 블록들 실행하기
② 'x: 10', 'y: -80'으로 이동하기로 위치 정하기
③ 모양을 [비커1]로 바꾸고, 보이기

④ 탄산수소나트륨이 비커에 클릭할 때까지 기다리기
⑤ 실행했다면 모양을 [비커3]으로 바꾸기

① [바꾸기] 신호를 받았을 때 아래 블록들 실행하기
② 배경을 [배경2]로 바꾸기
③ 모양을 [비커2]로 바꾸기

비커

# ❸ 이산화탄소 위치 이동하기

① 초록깃발을 클릭했을 때 아래 블록 실행하기
② 이산화탄소 숨기기

① [이산화탄소] 신호를 받았을 때 아래 블록들 실행하기
② 'x: 10', 'y: -80'으로 이동하기로 위치 정하기
③ 맨 [앞쪽]에 이산화탄소 보이기

이산화
탄소

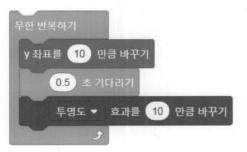

④ 이산화탄소를 위로 이동하며 사라지게 하기 위해 무한 반복하여 안의 블록들 실행하기
⑤ y좌표를 '10'만큼 바꾸기
⑥ '0.5'초 기다렸다 [투명도] 효과를 '10' 만큼 바꾸기

① [멈추기] 신호를 받았을 때 아래 블록 실행하기
② 이산화탄소 숨기기

# 사고력 향상 문제

⚙ **예제 파일** : 13강-탄산수 만들기_완성.sb3
⚙ **완성 파일** : 13강-탄산수 만들기_사고력향상_완성.sb3

❶ '이산화탄소' 스프라이트가 나타날 때 소리를 재생시켜 보세요.

❷ '이산화탄소' 스프라이트가 나타날 때 소리의 음량을 점점 작게 줄여보세요.

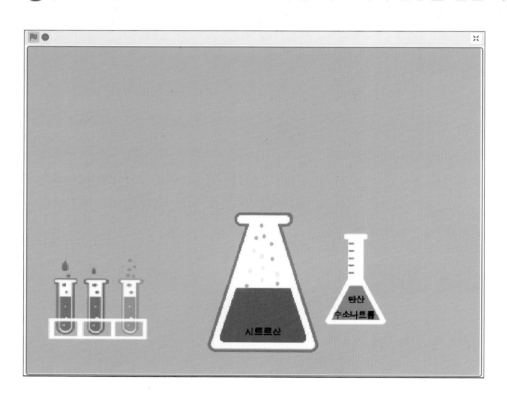

**| hint |**

❶ [소리] 탭의 소리 고르기에서 'bubbles'을 검색하여 선택한 후 `무한 반복하기` 블록 안에 `팝 ▾ 재생하기` 블록을 연결하고, 'bubbles'를 선택합니다.

❷ `이산화탄소 ▾ 신호를 받았을 때` 블록 아래에 `음량을 100 %로 정하기` 블록을 연결하고, `무한 반복하기` 블록 안에 `음량을 -10 만큼 바꾸기` 블록을 연결합니다.

# SECTION 14

# 가정용 저울로 무게 재기

가정용 저울에 바나나 한 개를 올렸을 때와 바나나 여러 개를 올렸을 때 저울의 바늘과 용수철의 길이가 어떻게 변화하는지를 알아보고 가정용 저울의 작동 원리를 알 수 있습니다.

[
⊚ **예제 파일** : 14강-가정용 저울로 무게 재기_예제.sb3
⊚ **완성 파일** : 14강-가정용 저울로 무게 재기_완성.sb3
⊚ **사용 방법** : 바나나와 추를 클릭하면 저울로 무게를 잴 수 있습니다.
]

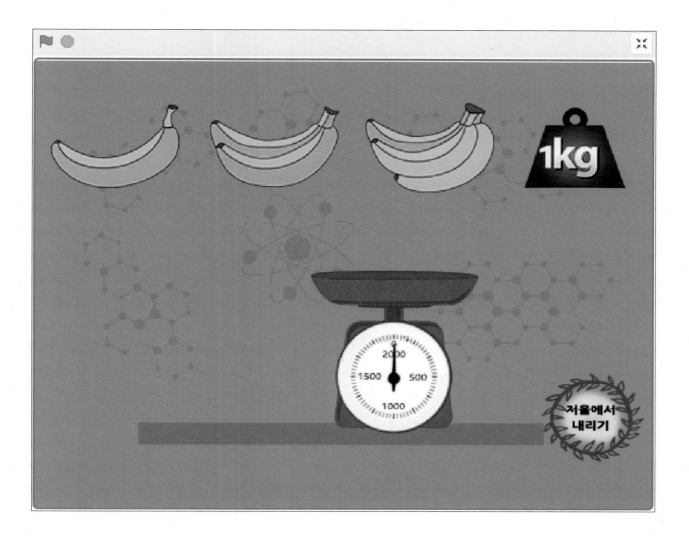

# 교과 내용 파악하기

## ❶ 교과 연계

4학년 과학 [무게 재기]

## ❷ 교과 핵심 내용

① 무게란 지구가 물체를 끌어당기는 힘의 크기입니다.

② 물체의 무게를 정확하게 재기 위하여 저울이 필요합니다.

③ 물체가 무거울수록 저울 속의 용수철이 많이 늘어나고 눈금을 가리키는 바늘도 많이 돌아갑니다.

## ❸ 교과 핵심 확인 문제

( ) 안에 알맞은 낱말에 O표를 하세요.

> 추의 무게와 용수철의 길이의 관계를 살펴보면 매단 추의 무게가 무거워질수록 용수철의 길이는 더 (짧아, 길어)진다는 것을 알 수 있습니다.

## POINT 02 생각하기

### ❶ 알고리즘

① [실행( )] 버튼을 클릭하고 각 스프라이트를 클릭하면 스프라이트가 '저울' 스프라이트로 이동합니다.

② '저울' 스프라이트 위로 물체가 올라오면 '저울바늘' 스프라이트가 물체의 무게만큼 돌아갑니다.

③ '저울에서 내리기' 스프라이트를 클릭하면 물체들이 제자리로 돌아가고 '저울바늘' 스프라이트도 처음 위치로 돌아갑니다.

### ❷ 순서도

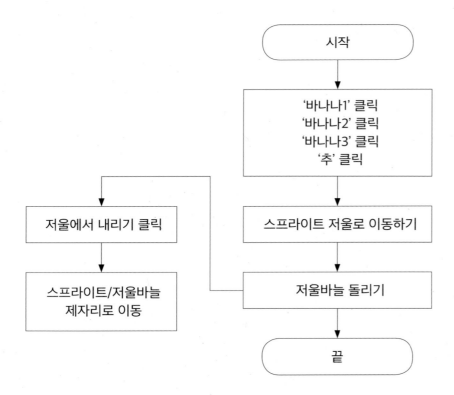

# 프로젝트 시작하기

[14강] 폴더에서 '14강-가정용 저울로 무게 재기_예제.sb3' 파일을 엽니다.

## ① 바나나/추/저울 준비하기

바나나1

① 초록깃발을 클릭했을 때 아래 블록 실행하기
② 'x: -178', 'y: 110'으로 이동하기로 위치 정하기

바나나2

① 초록깃발을 클릭했을 때 아래 블록 실행하기
② 'x: -54', 'y: 110'으로 이동하기로 위치 정하기

바나나3

① 초록깃발을 클릭했을 때 아래 블록 실행하기
② 'x: 67', 'y: 110'으로 이동하기로 위치 정하기

추

① 초록깃발을 클릭했을 때 아래 블록 실행하기
② 'x: 180', 'y: 110'으로 이동하기로 위치 정하기

저울

① 초록깃발을 클릭했을 때 아래 블록들 실행하기

② 'x: 40', 'y: -55'로 이동하기로 위치 정하기

③ '각 물체를 클릭하여 저울로 무게를 재어보세요.'를 '3'초 동안 말하기

④ 무게를 재는 물건들이 저울 앞에 보이게 하기 위해서 [뒤로] '4'단계 보내기

## ❷ 바나나/추 무게 재기

① 이 스프라이트를 클릭했을 때 아래 블록들 실행하기

② '167g'을 '1'초 동안 말하기

③ '1'초 동안 'x: 39', 'y: 33'으로 이동하기

바나나1

④ 만약 '바나나1' 스프라이트가 [저울]에 닿았다면

⑤ [저울바늘움직이기1] 신호 보내고 기다리기

바나나2

① 이 스프라이트를 클릭했을 때 아래 블록들 실행하기
② '334g'을 '1'초 동안 말하기
③ '1'초 동안 'x: 39', 'y: 33'으로 이동하기
④ 만약 '바나나2' 스프라이트가 [저울]에 닿았다면
⑤ [저울바늘움직이기2] 신호 보내고 기다리기

바나나3

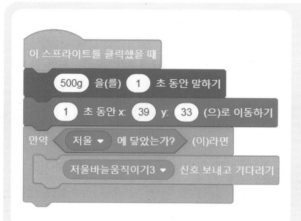

① 이 스프라이트를 클릭했을 때 아래 블록들 실행하기
② '500g'을 '1'초 동안 말하기
③ '1'초 동안 'x: 39', 'y: 33'으로 이동하기
④ 만약 '바나나3' 스프라이트가 [저울]에 닿았다면
⑤ [저울바늘움직이기3] 신호 보내고 기다리기

추

① 이 스프라이트를 클릭했을 때 아래 블록들 실행하기
② '1kg'을 '1'초 동안 말하기
③ '1'초 동안 'x: 39', 'y: 33'으로 이동하기
④ 만약 '추' 스프라이트가 [저울]에 닿았다면
⑤ [1kg저울바늘움직이기] 신호 보내고 기다리기

## ❸ 저울바늘 돌리기

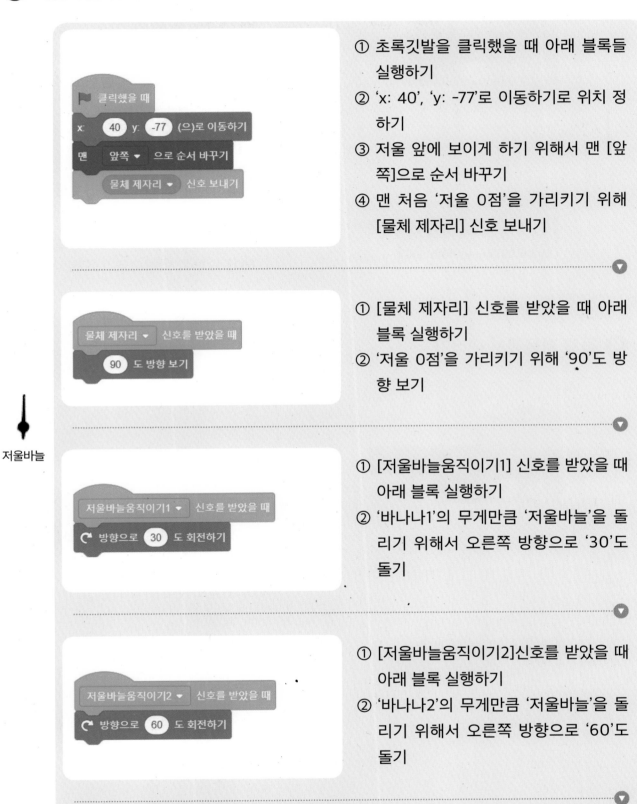

① 초록깃발을 클릭했을 때 아래 블록들 실행하기
② 'x: 40', 'y: -77'로 이동하기로 위치 정하기
③ 저울 앞에 보이게 하기 위해서 맨 [앞쪽]으로 순서 바꾸기
④ 맨 처음 '저울 0점'을 가리키기 위해 [물체 제자리] 신호 보내기

① [물체 제자리] 신호를 받았을 때 아래 블록 실행하기
② '저울 0점'을 가리키기 위해 '90'도 방향 보기

① [저울바늘움직이기1] 신호를 받았을 때 아래 블록 실행하기
② '바나나1'의 무게만큼 '저울바늘'을 돌리기 위해서 오른쪽 방향으로 '30'도 돌기

① [저울바늘움직이기2]신호를 받았을 때 아래 블록 실행하기
② '바나나2'의 무게만큼 '저울바늘'을 돌리기 위해서 오른쪽 방향으로 '60'도 돌기

저울바늘

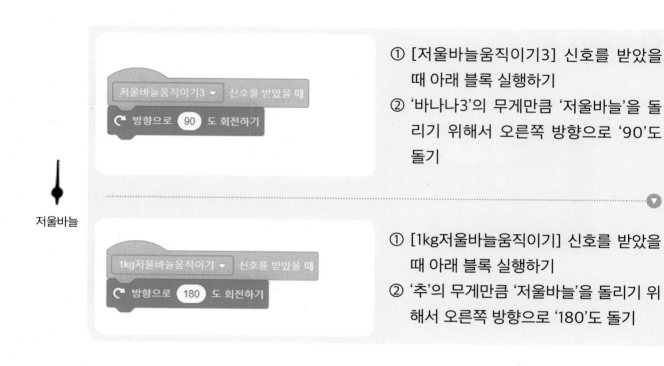

저울바늘

① [저울바늘움직이기3] 신호를 받았을 때 아래 블록 실행하기
② '바나나3'의 무게만큼 '저울바늘'을 돌리기 위해서 오른쪽 방향으로 '90'도 돌기

① [1kg저울바늘움직이기] 신호를 받았을 때 아래 블록 실행하기
② '추'의 무게만큼 '저울바늘'을 돌리기 위해서 오른쪽 방향으로 '180'도 돌기

## ❹ 물체 저울에서 내리기

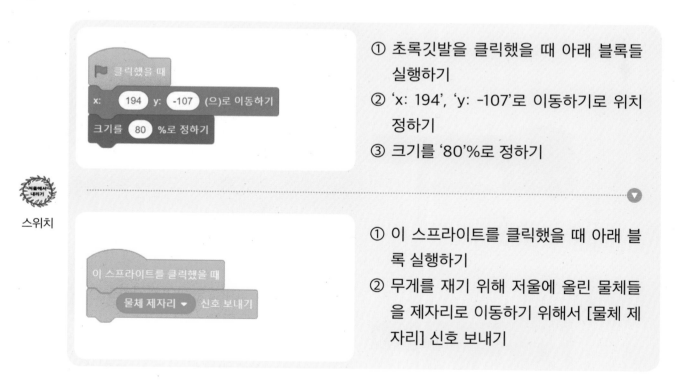

스위치

① 초록깃발을 클릭했을 때 아래 블록들 실행하기
② 'x: 194', 'y: -107'로 이동하기로 위치 정하기
③ 크기를 '80'%로 정하기

① 이 스프라이트를 클릭했을 때 아래 블록 실행하기
② 무게를 재기 위해 저울에 올린 물체들을 제자리로 이동하기 위해서 [물체 제자리] 신호 보내기

바나나1

① [물체 제자리] 신호를 받았을 때 아래 블록 실행하기
② '2'초 동안 'x: -178', 'y: 110'으로 이동하기

바나나2

① [물체 제자리] 신호를 받았을 때 아래 블록 실행하기
② '2'초 동안 'x: -54', 'y: 110'으로 이동하기

바나나3

① [물체 제자리] 신호를 받았을 때 아래 블록 실행하기
② '2'초 동안 'x: 67', 'y: 110'으로 이동하기

추

① [물체 제자리] 신호를 받았을 때 아래 블록 실행하기
② '2'초 동안 'x: 180', 'y: 110'으로 이동하기

# TEST

# 사고력 향상 문제

⊛ **예제 파일** : 14강-가정용 저울로 무게 재기_완성.sb3
⊛ **완성 파일** : 14강-가정용 저울로 무게 재기_사고력향상_완성.sb3

❶ 저울로 물체의 무게를 잴 때마다 저울 안의 용수철의 길이가 변화되도록 코딩하세요.

❷ '저울바늘' 스프라이트가 돌아가는 모습을 볼 수 있도록 함수를 사용하여 코딩하세요.

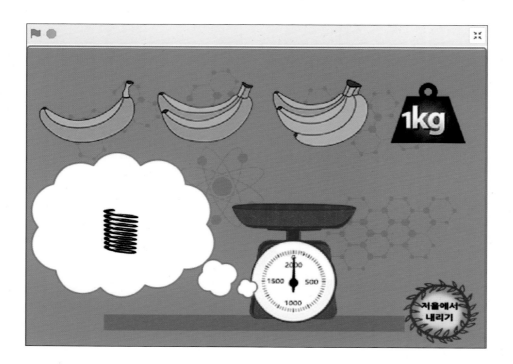

| hint |

❶ ① 변수 만들기 : 저울위물건
　 ② 모양 11개인 용수철 스프라이트 사용하기

❷ 나만의 블록 에서 '입력값 추가하기_숫자 또는 문자열'을 사용하여
　 저울바늘 돌리기 각도 블록을 이용한 나만의 블록 만들기

# SECTION 15

# 날씨 이야기

지구 상의 물은 상태가 변하면서 끊임없이 돌고 돌아옵니다. 물의 순환으로 구름, 비, 눈이 어떻게 만들어지는지 표현해봅니다.

- ⊛ **예제 파일** : 15강-날씨 이야기_예제.sb3
- ⊛ **완성 파일** : 15강-날씨 이야기_완성.sb3
- ⊛ **사용 방법** : 구름, 비 ,눈을 클릭하면 만들어지는 과정이 나타납니다.

## POINT 01 | 교과 내용 파악하기

### ❶ 교과 연계

5학년 과학 [날씨와 우리 생활]

### ❷ 교과 핵심 내용

① **구름** : 작은 물방울이나 얼음 알갱이 상태로 떠 있는 것입니다.
② **눈** : 얼음 알갱이가 커져 지표면에 떨어진 것입니다.
③ **비** : 얼음 알갱이가 높은 기온을 지나면서 물방울이 되어 떨어지는 것입니다.

### ❸ 교과 핵심 확인 문제

**얼음 알갱이가 커져 지표면에 떨어진 것은? (          )**

① 구름                    ② 눈                    ③ 안개                    ④ 비

## POINT 02 | 생각하기

### ❶ 알고리즘

① [실행(🚩)] 버튼을 클릭하면 배경에 '구름' 스프라이트, '눈' 스프라이트, '비' 스프라이트가 보여지면서 '선생님' 스프라이트가 말을 합니다.
② '구름' 스프라이트를 클릭하면 이름을 말하고, 위치를 이동하며 '선생님' 스프라이트는 말을 합니다.
③ '눈' 스프라이트를 클릭하면 이름을 말하고, 크기가 커진 후 아래로 이동하면서 사라지고, '선생님' 스프라이트는 말을 합니다.

④ '비' 스프라이트를 클릭하면 이름을 말하고, 크기가 커진 후 '높은기온' 스프라이트에 닿으면 아래로 이동하면서 사라지고, '선생님' 스프라이트는 말을 합니다.

## ❷ 순서도

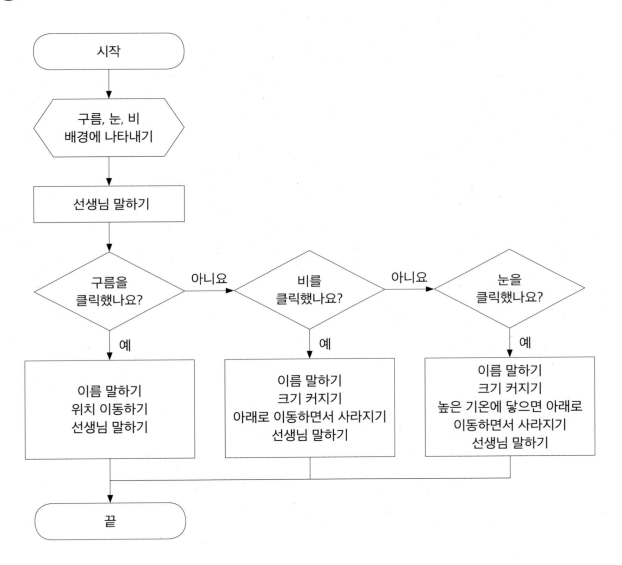

[15강] 폴더에서 '15강-날씨 이야기_예제.sb3' 파일을 엽니다.

### ❶ 배경에 날씨 리스트 만들기

```
클릭했을 때
구름 을(를) 날씨 ▼ 에 추가하기
눈 을(를) 날씨 ▼ 에 추가하기
비 을(를) 날씨 ▼ 에 추가하기
작은 물방울이나 얼음 알갱이 상태로 떠 있는 것. 을(를) 날씨 ▼ 에 추가하기
얼음 알갱이가 커져 지표면에 떨어진 것. 을(를) 날씨 ▼ 에 추가하기
얼음 알갱이가 높은 기온을 지나면서 물방울이 되어 떨어지는 것. 을(를) 날씨 ▼ 에 추가하기
```

배경

① 리스트 [날씨] 만들기
② 초록깃발을 클릭했을 때 아래 블록들 실행하기
③ '구름'을 [날씨]에 추가하기
④ '눈'을 [날씨]에 추가하기
⑤ '비'를 [날씨]에 추가하기
⑥ '작은 물방울이나 얼음 알갱이 상태로 떠 있는 것.'을 [날씨]에 추가하기
⑦ '얼음 알갱이가 커져 지표면에 떨어진 것.'을 [날씨]에 추가하기
⑧ '얼음 알갱이가 높은 기온을 지나면서 물방울이 되어 떨어지는 것.'을 [날씨]에 추가하기

## ❷ 선생님이 날씨 리스트 말하기

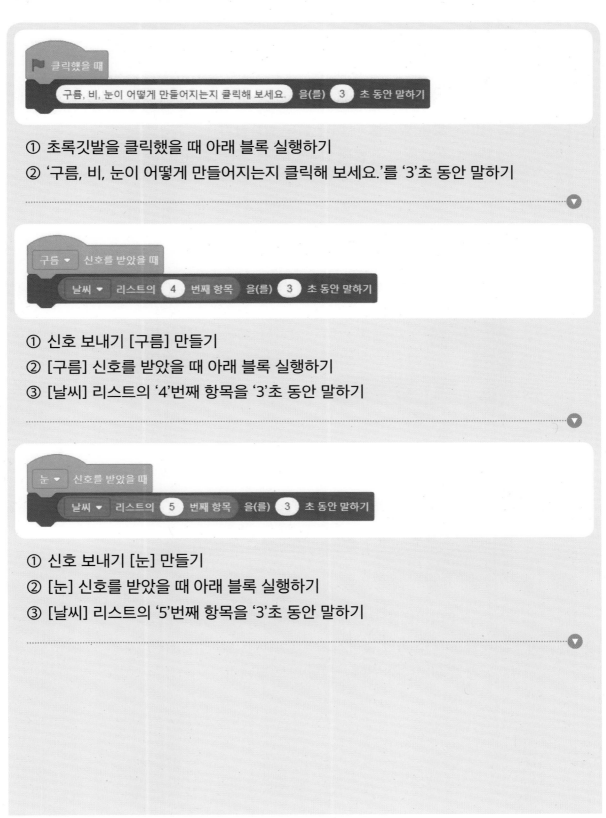

① 초록깃발을 클릭했을 때 아래 블록 실행하기
② '구름, 비, 눈이 어떻게 만들어지는지 클릭해 보세요.'를 '3'초 동안 말하기

① 신호 보내기 [구름] 만들기
② [구름] 신호를 받았을 때 아래 블록 실행하기
③ [날씨] 리스트의 '4'번째 항목을 '3'초 동안 말하기

선생님

① 신호 보내기 [눈] 만들기
② [눈] 신호를 받았을 때 아래 블록 실행하기
③ [날씨] 리스트의 '5'번째 항목을 '3'초 동안 말하기

선생님

① 신호 보내기 [비] 만들기
② [비] 신호를 받았을 때 아래 블록 실행하기
③ [날씨] 리스트의 '6'번째 항목을 '3'초 동안 말하기

## ❸ 구름 움직임 설정하기

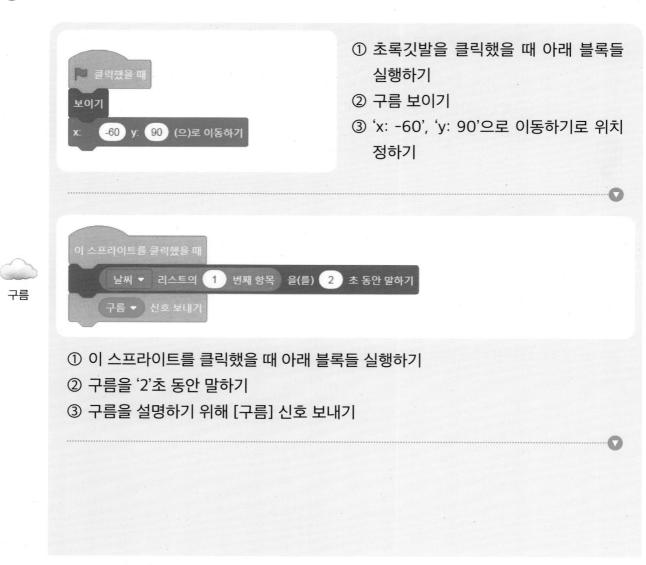

구름

① 초록깃발을 클릭했을 때 아래 블록들
실행하기
② 구름 보이기
③ 'x: -60', 'y: 90'으로 이동하기로 위치
정하기

① 이 스프라이트를 클릭했을 때 아래 블록들 실행하기
② 구름을 '2'초 동안 말하기
③ 구름을 설명하기 위해 [구름] 신호 보내기

구름

④ 구름의 움직임을 나타내기 위해 블록 안의 블록들을 '3'번 반복하기
⑤ 'x: -60', 'y: 90'에서 '2'초 동안 'x: -60', 'y: 80'으로 이동하기로 위치 정하기

## ❹ 눈 움직임 설정하기

① 초록깃발을 클릭했을 때 아래 블록들 실행하기
② 맨 [앞쪽]으로 순서 바꾸고, 크기를 '100'%로 정하여 눈 보이기
③ 'x: -60', 'y: 90'으로 이동하기로 위치 정하기

눈

① 이 스프라이트를 클릭했을 때 아래 블록들 실행하기
② 눈을 '2'초 동안 말하기
③ 눈을 설명하기 위해 [눈] 신호 보내기

④ 눈의 움직임을 나타내기 위해 '3'초 기다리기

⑤ 크기를 '3'만큼씩 바꾸기를 '10'번 반복하기

⑥ '1'초 기다리기

눈

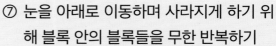

⑦ 눈을 아래로 이동하며 사라지게 하기 위해 블록 안의 블록들을 무한 반복하기

⑧ y좌표를 '-10'만큼 계속 바꾸기

⑨ [투명도] 효과를 '5'만큼 계속 바꾸기

⑩ 만약 [벽]에 닿았다면 안의 블록 실행하기

⑪ 눈 숨기기

## ❺ 비 움직임 설정하기

비

① 초록깃발을 클릭했을 때 아래 블록들 실행하기

② 맨 [앞쪽]으로 순서 바꾸고, 크기를 '100'%로 정하여 비 보이기

③ 'x: -60', 'y: 90'으로 이동하기로 위치 정하기

① 이 스프라이트를 클릭했을 때 아래 블록들 실행하기
② [날씨] 리스트의 3번째 항목인 비를 '2'초 동안 말하기
③ 비를 설명하기 위해 [비] 신호 보내기

---

④ 비의 움직임을 나타내기 위해 '3'초 기다리기
⑤ '10'번 반복하여 크기를 '3'만큼씩 바꾸기
⑥ 신호 보내기 [높은기온] 만들기
⑦ [높은기온] 신호 보내기

비

---

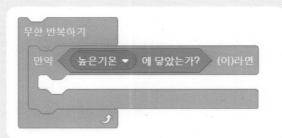

⑧ 블록 안의 블록들을 무한 반복하기
⑨ 만약 [높은기온]에 닿았다면 안의 블록들 실행하기

---

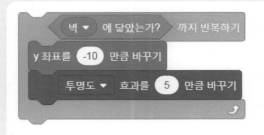

⑩ 비를 아래로 이동하며 사라지게 하기 위해 [벽]에 닿을 때까지 블록 안의 블록들 반복하기
⑪ y좌표를 '-10'만큼 바꾸고, [투명도] 효과를 '5'만큼 바꾸기

## ⑤ 높은기온 움직임 설정하기

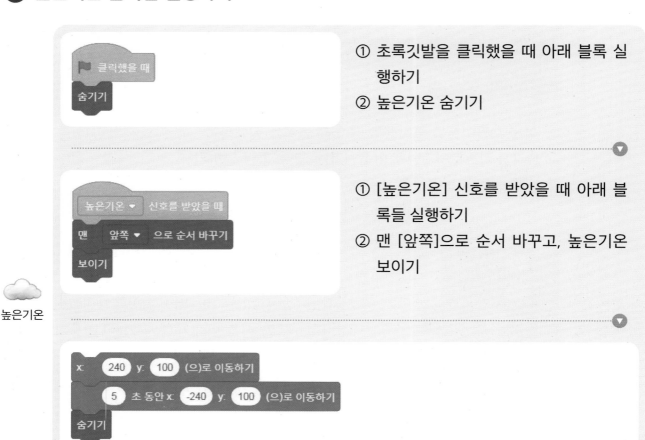

① 초록깃발을 클릭했을 때 아래 블록 실행하기
② 높은기온 숨기기

① [높은기온] 신호를 받았을 때 아래 블록들 실행하기
② 맨 [앞쪽]으로 순서 바꾸고, 높은기온 보이기

높은기온

③ 높은기온의 움직임을 나타내기 위해 'x: 240', 'y: 100'에서 '5'초 동안 'x: −240', 'y: 100'로 이동하기로 위치 정하기
④ 높은기온 숨기기

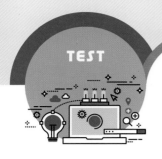

# TEST

# 사고력 향상 문제

⊕ **예제 파일** : 15강-날씨 이야기_완성.sb3

⊕ **완성 파일** : 15강-날씨 이야기_사고력향상_완성.sb3

**❶** 배경에 중심축이 앞인 화살표를 나타내 보세요.

**❷** 화살표를 마우스 포인터 위치로 이동하여 움직여 보세요.

| hint |

**❶** [스프라이트 고르기]에서 'Arrow1'를 검색하여 선택한 후 [모양] 팔레트에서 왼쪽 방향의 화살표(◀)를 선택하고, "모양 중심 포인트(⊕)"에 스프라이트의 앞부분을 맞춥니다.

**❷** `무한 반복하기` 블록과 `마우스 포인터 ▼ (으)로 이동하기` 블록을 사용합니다.

# SECTION 16

# 봉수대

우리나라에서 약 120년 전까지 사용하였던 봉수는 과학적으로 잘 갖추어진 통신 방법입니다. 봉수대는 낮에는 연기를 이용하고, 밤에는 불빛을 이용하여 정보를 먼 곳까지 신속하게 전달하였습니다. 봉수대의 원리를 표현해봅니다.

- ⚙ **예제 파일** : 16강-봉수대_예제.sb3
- ⚙ **완성 파일** : 16강-봉수대_완성.sb3
- ⚙ **사용 방법** : 봉수 방법을 선택하면 그에 따른 신호가 봉수대를 통해서 표현됩니다.

## POINT 01 교과 내용 파악하기

### ❶ 교과 연계

4학년 과학 [거울과 그림자]

### ❷ 교과 핵심 내용

① 봉수대는 낮에는 연기를 이용하고, 밤에는 불빛을 이용하여 정보를 전달합니다.
② 조선 시대의 봉수 방법은 5가지입니다.

- 1홰-평상시
- 2홰-적이 나타남
- 3홰-적이 국경에 접근
- 4홰-적이 국경을 넘음
- 5홰-적과 접전을 벌

### ❸ 교과 핵심 확인 문제

조선 시대의 봉수 방법에 따라 적이 나타나면 봉수대는 몇 홰를 하나요? (         )

① 1홰          ② 2홰          ③ 3홰          ④ 4홰          ⑤ 5홰

## ❶ 알고리즘

① [실행(🏳)] 버튼을 클릭한 후 봉수 방법 스프라이트를 클릭합니다.

② '봉수대' 스프라이트에 봉수 방법에 해당되는 연기가 '봉수대1' 스프라이트에서부터
'봉수대6' 스프라이트까지 순서대로 나타납니다.

## ❷ 순서도

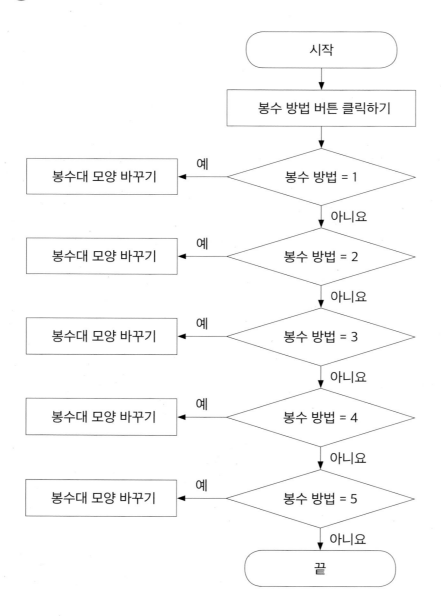

## POINT 03 프로젝트 시작하기

[16강] 폴더에서 '16강-봉수대_예제.sb3' 파일을 엽니다.

### ❶ 봉수대와 봉수 방법 버튼 배치하기

봉수대1

① 초록깃발을 클릭했을 때 아래 블록들 실행하기
② 'x: 24', 'y: 147'로 이동하기로 위치 정하기
③ 크기를 '105'%로 정하기
④ 모양을 [봉수대_연기(1)]로 바꾸기

| tip |

나머지 봉수대 스프라이트도 다음과 같이 위치와 처음 모양 지정하기

| 스프라이트 | x: ◯ y: ◯ (으)로 이동하기 | 모양을 봉수대_연기(1) ▼ (으)로 바꾸기 |
|---|---|---|
| 봉수대2 | 'x: 15', 'y: -24' | |
| 봉수대3 | 'x: -84', 'y: -5' | |
| 봉수대4 | 'x: -137', 'y: 59' | 모양을 봉수대_연기(1) ▼ (으)로 바꾸기 |
| 봉수대5 | 'x: -70', 'y: 123' | |
| 봉수대6 | 'x: 24', 'y: 147' | |

평상시
봉수방법1

① 초록깃발을 클릭했을 때 아래 블록들 실행하기
② 'x: 150', 'y: 90'으로 이동하기로 위치 정하기
③ 크기를 '100'%로 정하기
④ 모양을 [봉수방법1-1]로 바꾸기

| tip |

나머지 봉수방법 스프라이트도 다음과 같이 위치와 처음 모양 지정하기

| 스프라이트 | x: ⬤ y: ⬤ (으)로 이동하기 | 모양을 봉수방법1-1 ▾ (으)로 바꾸기 |
|---|---|---|
| 봉수방법2 | 'x: 150', 'y: 45' | [봉수방법2-1] |
| 봉수방법3 | 'x: 150', 'y: 0' | [봉수방법3-1] |
| 봉수방법4 | 'x: 150', 'y: –45' | [봉수방법4-1] |
| 봉수방법5 | 'x: 150', 'y: –90' | [봉수방법5-1] |

## ❷ 신호 전달하기

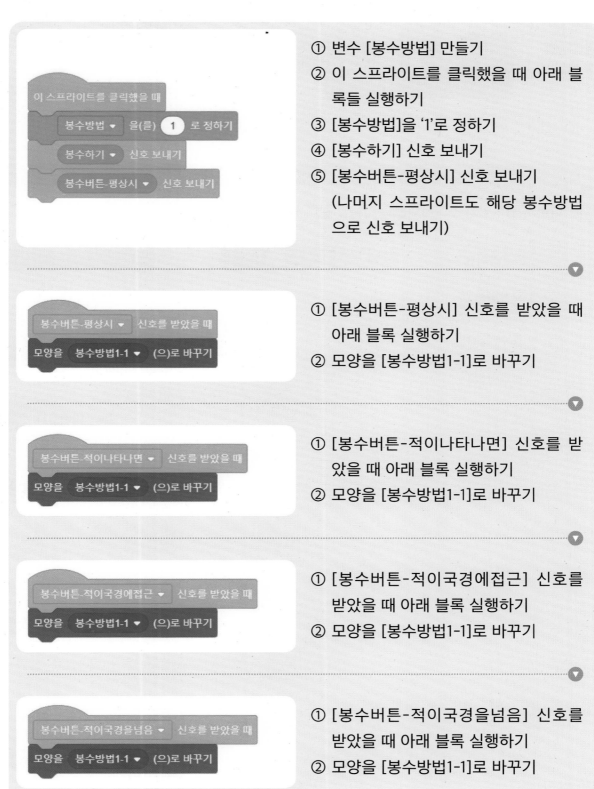

① 변수 [봉수방법] 만들기
② 이 스프라이트를 클릭했을 때 아래 블록들 실행하기
③ [봉수방법]을 '1'로 정하기
④ [봉수하기] 신호 보내기
⑤ [봉수버튼-평상시] 신호 보내기
(나머지 스프라이트도 해당 봉수방법으로 신호 보내기)

① [봉수버튼-평상시] 신호를 받았을 때 아래 블록 실행하기
② 모양을 [봉수방법1-1]로 바꾸기

평상시
봉수방법

① [봉수버튼-적이나타나면] 신호를 받았을 때 아래 블록 실행하기
② 모양을 [봉수방법1-1]로 바꾸기

① [봉수버튼-적이국경에접근] 신호를 받았을 때 아래 블록 실행하기
② 모양을 [봉수방법1-1]로 바꾸기

① [봉수버튼-적이국경을넘음] 신호를 받았을 때 아래 블록 실행하기
② 모양을 [봉수방법1-1]로 바꾸기

평상시
봉수방법

① [봉수버튼-적과접전을벌임] 신호를 받았을 때 아래 블록 실행하기
② 모양을 [봉수방법1-1]로 바꾸기

| tip |

나머지 봉수방법 스프라이트도 다음과 같이 봉수방법 값과 모양 지정하기

| 스프라이트 | 봉수방법 ▼ 을(를) 1 로 정하기 | 모양을 봉수방법1-1 ▼ (으)로 바꾸기 |
|---|---|---|
| 봉수방법2 | '2' | [봉수방법2-1] |
| 봉수방법3 | '3' | [봉수방법3-1] |
| 봉수방법4 | '4' | [봉수방법4-1] |
| 봉수방법5 | '5' | [봉수방법5-1] |

봉수대1

① [봉수하기] 신호를 받았을 때 아래 블록들 실행하기
② '5'초 기다리기
③ 만약 [봉수방법]이 '1'과 같다면
④ 모양을 [봉수대_연기(1)]로 바꾸기
⑤ 만약 [봉수방법]이 '2'와 같다면
⑥ 모양을 [봉수대_연기(2)]로 바꾸기
⑦ 만약 [봉수방법]이 '3'과 같다면
⑧ 모양을 [봉수대_연기(3)]으로 바꾸기
⑨ 만약 [봉수방법]이 '4'와 같다면
⑩ 모양을 [봉수대_연기(4)]로 바꾸기
⑪ 만약 [봉수방법]이 '5'와 같다면
⑫ 모양을 [봉수대_연기(5)]로 바꾸기

| tip |

나머지 봉수대도 해당하는 초만큼 기다리고 그 외는 동일하게 코딩하기

| 스프라이트 | 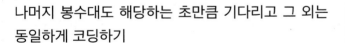 초 기다리기 |
| --- | --- |
| 봉수대2 | '4' |
| 봉수대3 | '3' |
| 봉수대4 | '2' |
| 봉수대5 | '1' |
| 봉수대6 | '0' 또는 블록 사용 안함 |

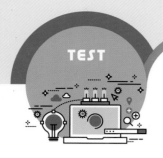

# 사고력 향상 문제

⚙ **예제 파일** : 16강-봉수대_완성.sb3
⚙ **완성 파일** : 16강-봉수대_사고력향상_완성.sb3

❶ '낮-해'와 '밤-달'의 봉수 방법을 불과 연기로 구분하여 표현하도록 수정하세요.

❷ '봉수방법1'~'봉수방법5' 버튼을 선택된 버튼이 구분되도록 수정하세요.

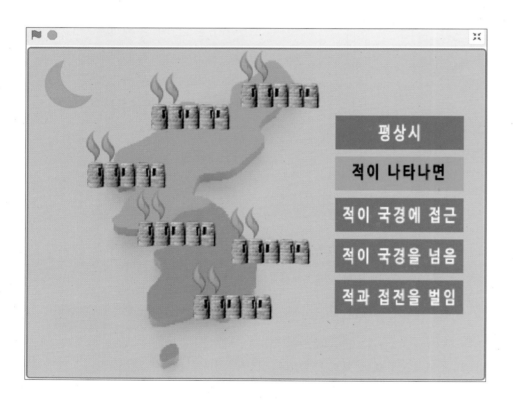

| hint |

❶ ① 변수 `낮밤` 만들기

② '해' 스프라이트(☀)와 '달' 스프라이트(🌙)를 클릭할 때마다 '낮'과 '밤'이 바뀜

③ '낮'에는 으로 '밤'에는 로 표현

❷ ① 선택되지 않은 경우 : `평상시`

② 선택된 경우 : `평상시`

# SECTION 17

# 소화 방법 분류하기

물질이 불에 타는 연소의 조건을 거꾸로 이용하여 불을 끄는 소화 방법 중에는 어떤 것들이 있는지 분류해봅니다.

- ⚙ **예제 파일** : 17강-소화 방법 분류하기_예제.sb3
- ⚙ **완성 파일** : 17강-소화 방법 분류하기_완성.sb3
- ⚙ **사용 방법** : 소화 방법이 적혀 있는 여러 가지 메모장을 알맞는 소화 분류통에 옮겨 놓습니다. 알맞게 분류하면 분류통 안으로 사라지고, 잘못된 분류통을 선택하면 제자리로 돌아갑니다.

# 교과 내용 파악하기

## ❶ 교과 연계

6학년 과학 [연소와 소화]

## ❷ 교과 핵심 내용

① **연소** : 물질이 산소를 만나 빛과 열을 내면서 타는 현상을 말합니다.

② **소화** : 연소의 조건 중에 하나 이상의 조건을 제거하여 불을 끄는 것을 말합니다.

③ **소화 조건**

- 탈 물질 제거
- 산소 차단
- 발화점(물질이 타기 시작하는 가장 낮은 온도) 미만으로 온도 낮추기

## ❸ 교과 핵심 확인 문제

다음 중 소화의 조건에 해당하지 않는 것은 어느 것입니까? (            )

① 탈 물질 제거                    ② 산소 차단

③ 이산화탄소 차단                ④ 발화점 미만으로 온도 낮추기

## POINT 02 생각하기

### ① 알고리즘

① [실행(🚩)] 버튼을 클릭하면 여러 색깔의 소화 방법 메모지를 보여줍니다.

② 메모지 하나를 선택하여 그 메모지에 쓰여 있는 소화 방법이 해당되는 분류통으로 이동시킵니다.

③ 알맞은 소화 조건으로 분류시켰을 때는 분류통이 열렸다 닫히며 메모지가 사라지고, 잘못 분류했을 때는 메모지가 원래 있었던 위치로 이동합니다.

### ② 순서도

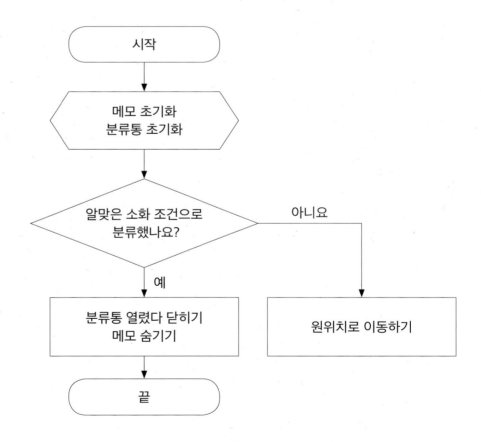

## POINT 03 프로젝트 시작하기

[17강] 폴더에서 '17강-소화 방법 분류하기_예제.sb3' 파일을 엽니다.

### ❶ 촛불 설정하기

촛불

① 초록깃발을 클릭했을 때 아래 블록들 실행하기
② 크기를 '60'%로 정하기
③ 'x: -67', 'y: 7'로 이동하기로 위치 정하기

### ❷ 소화 방법 : 빨강 메모 설정하기

① 초록깃발을 클릭했을 때 아래 블록들 실행하기
② 프로젝트 화면에서 드래그 가능하도록 정하기
③ 숨겨졌던 메모 보이기
④ 'x: -164', 'y: 99'로 이동하기로 위치 정하기

빨강메모

⑤ 만약 [분류통_노랑]에 닿았으면 안쪽 블록들 실행하기
⑥ '1'초 기다린 후 숨기기

⑦ 만약 [분류통_빨강]에 닿았으면 안쪽 블록 실행하기

⑧ '0.5'초 동안 'x: -164', 'y: 99'(제자리)로 이동하기

빨강메모

⑨ 만약 [분류통_연두]에 닿았으면 안쪽 블록 실행하기

⑩ '0.5'초 동안 'x: -164', 'y: 99'(제자리)로 이동하기

⑪ 메모가 어떤 분류통에 닿았는지를 계속 관찰하기 위해 ⑤~⑩ 블록들을 안쪽으로 결합하여 무한 반복하기

| tip | 메모별 블록 입력 정보

나머지 메모 스프라이트도 다음과 같이 값과 모양 지정하기

| 메모 / 블록 | 집게병으로 덮기 | 물에 적신 걸레로 덮기 | 분무기로 물 뿌리기 | 드라이아이스를 가까이 가져가기 | 호스 입에 넣고 힘대로 숨을 불어넣기 | 심지 자르기 | 손으로 바람을 세게 일으켜 끄기 |
|---|---|---|---|---|---|---|---|
| x: ◯ y: ◯ (으)로 이동하기 | 'x:-68', 'y:171' | 'x:23', 'y:99' | 'x:48', 'y:2' | 'x:22', 'y:-91' | 'x:-69', 'y:-126' | 'x:-162', 'y:-89' | 'x:-197', 'y:6' |
| 분류통_노랑 ▼ 에 닿았는가? | 원위치 | 원위치 | 원위치 | 원위치 | 원위치 | 숨기기 | 숨기기 |
| 분류통_빨강 ▼ 에 닿았는가? | 숨기기 | 숨기기 | 원위치 | 숨기기 | 숨기기 | 원위치 | 원위치 |
| 분류통_연두 ▼ 에 닿았는가? | 원위치 | 숨기기 | 숨기기 | 원위치 | 원위치 | 원위치 | 원위치 |
| ◯ 초 동안 x: ◯ y: ◯ (으)로 이동하기 | '0.5'초, 'x:-68', 'y:171' | '0.5'초, 'x:23', 'y:99' | '0.5'초, 'x:48', 'y:2' | '0.5'초, 'x:22', 'y:-91' | '0.5'초, 'x:-69', 'y:-126' | '0.5'초, 'x:-162', 'y:-89' | '0.5'초, 'x:-197', 'y:6' |

# ❸ 소화 분류통 : 분류통_노랑 설정하기

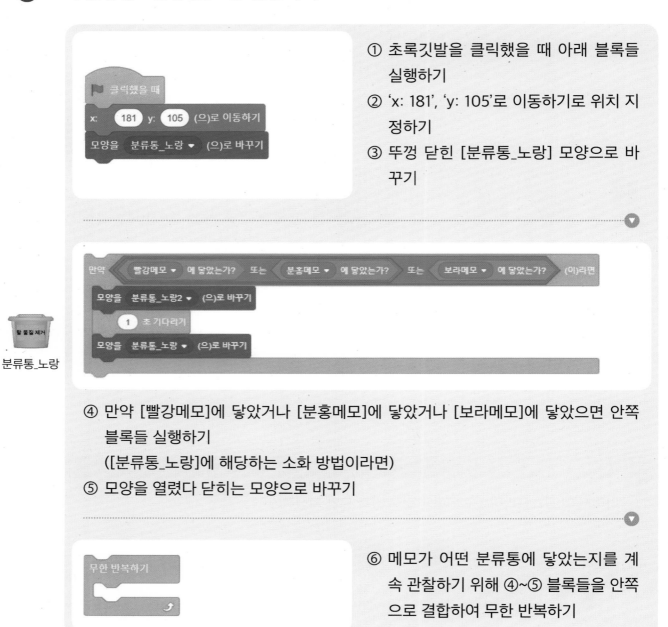

① 초록깃발을 클릭했을 때 아래 블록들 실행하기
② 'x: 181', 'y: 105'로 이동하기로 위치 지정하기
③ 뚜껑 닫힌 [분류통_노랑] 모양으로 바꾸기

④ 만약 [빨강메모]에 닿았거나 [분홍메모]에 닿았거나 [보라메모]에 닿았으면 안쪽 블록들 실행하기
  ([분류통_노랑]에 해당하는 소화 방법이라면)
⑤ 모양을 열렸다 닫히는 모양으로 바꾸기

⑥ 메모가 어떤 분류통에 닿았는지를 계속 관찰하기 위해 ④~⑤ 블록들을 안쪽으로 결합하여 무한 반복하기

나머지 분류통의 코드도 작성하기

| 블록 \ 분류통 | 탈 물질 제거 | 산소 차단 | 발화점 미만 온도 |
|---|---|---|---|
| x: ◯ y: ◯ (으)로 이동하기 | 'x: 181', 'y: 105' | 'x: 181', 'y: -6' | 'x: 181', 'y: -124' |
| 모양을 분류통_노랑 ▼ (으)로 바꾸기 | [분류통_노랑]<br>-[분류통_노랑2]<br>-[분류통_노랑] | [분류통_빨강]<br>-[분류통_빨강2]<br>-[분류통_빨강] | [분류통_연두]<br>-[분류통_연두2]<br>-[분류통_연두] |
| 빨강메모 ▼ 에 닿았는가? | O | | |
| 노랑메모 ▼ 에 닿았는가? | | O | |
| 연노랑메모 ▼ 에 닿았는가? | | O | O |
| 연두메모 ▼ 에 닿았는가? | | | O |
| 하늘메모 ▼ 에 닿았는가? | | O | |
| 파랑메모 ▼ 에 닿았는가? | | O | |
| 보라메모 ▼ 에 닿았는가? | O | | |
| 분홍메모 ▼ 에 닿았는가? | O | | |

# 사고력 향상 문제

⊕ **예제 파일** : 17강-소화 방법 분류하기_완성.sb3
⊕ **완성 파일** : 17강-소화 방법 분류하기_사고력향상_완성.sb3

**❶** '빨강메모' 스프라이트에서 [ 분류통_노랑 ▼ 에 닿았는가? ] 블록 대신 [ 색에 닿았는가? ] 블록을 이용하여 스크립트를 작성해보세요.

**❷** [데이터] 팔레트의 변수 만들기를 이용하여 [ 분류한 메모수 ] 블록을 만들고 아래에 주어진 블록들을 이용하여 8개의 모든 메모가 알맞게 분류통에 분류되고 나면 촛불이 꺼지도록 스크립트를 작성해보세요.

---

| hint |

- [ 색에 닿았는가? ] 블록 색상 정하기
- ❶ [ 색에 닿았는가? ] 블록을 연결합니다.
- ❷ 칼라 상자를 클릭하여 버튼을 누른 후 '분류통_노랑' 스프라이트(  )을 선택합니다.

- 사용되는 블록 정보

| '촛불' 스프라이트( 🕯️ ) | '빨강메모' 스프라이트( 🟥 ) |
|---|---|
| 모양을 커진 촛불 ▼ (으)로 바꾸기 | x -164 y 99 (으)로 이동하기 |
| 분류한 메모수 ▼ 을(를) 0 로 정하기 | 분류한 메모수 ▼ 을(를) 1 만큼 바꾸기 |
| 무한 반복하기 / 만약 분류한 메모수 = 8 (이)라면 / 모양을 꺼진 촛불 ▼ (으)로 바꾸기 | |

* **버그 주의** : '빨강메모' 스프라이트( 🟥 )에서 만약 [ 분류통_노랑 ▼ 에 닿았는가? ] 라면 [ x -164 y 99 (으)로 이동하기 ] 블록을 사용하지 않고 [ 분류한 메모수 ▼ 을(를) 1 만큼 바꾸기 ] 블록을 사용할 경우, 🟥 은 🪣 에 블록 특성상 계속 닿아 있기 때문에 [ 분류한 메모수 ]의 값도 무한 증가합니다. 반드시 메모를 원위치로 이동시킨 후 [ 분류한 메모수 ]의 값을 증가합니다.

# SECTION 18

# 거울에 비친 글자

거울에 비친 물체의 모습은 원래의 물체와 좌우가 바뀌어 보입니다. 거울을 사용하면 가려져서 보이지 않거나 내 뒤쪽에 있는 물체의 모습을 볼 수 있습니다. 글자가 거울에 비치면 어떻게 보이는지 알아봅시다.

- ⚙ **예제 파일** : 18강-거울에 비친 글자_예제.sb2
- ⚙ **완성 파일** : 18강-거울에 비친 글자_완성.sb2
- ⚙ **사용 방법** : 각 숫자를 클릭하면 거울에 비치기 전의 모습을 확인할 수 있습니다.

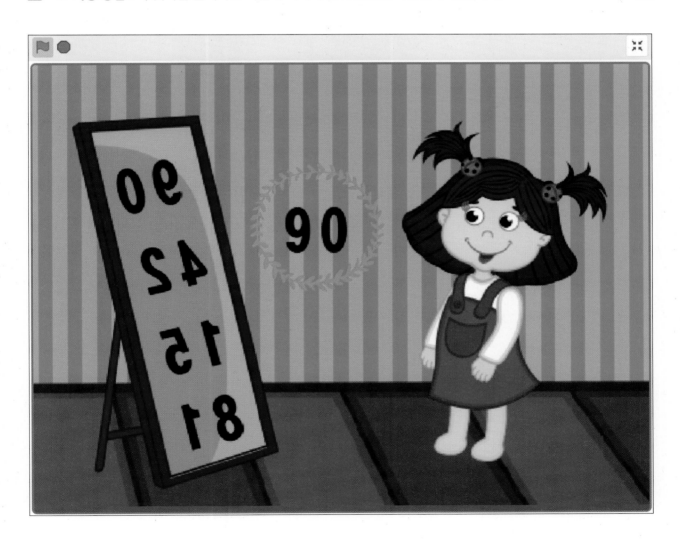

# 교과 내용 파악하기

## ❶ 교과 연계

4학년 과학 [거울과 그림자]

## ❷ 교과 핵심 내용

① 인류 최초의 거울은 호수나 그릇에 담긴 물의 잔잔한 표면이었습니다.

② 오늘날 사용하는 거울은 1835년에 독일의 한 과학자가 발명한 것으로 유리 뒷면에 알루미늄 같은 금속을 얇고 고르게 입힌 것입니다.

③ 거울에 비친 물체의 모습은 원래의 물체와 좌우가 바뀌어 보입니다.

## ❸ 교과 핵심 확인 문제

( ) 안에 알맞은 낱말에 O표를 하세요.

> 거울에 비친 물체의 모습은 원래 물체와 (상하, 좌우)가 바뀌어 보입니다.

## POINT 02 생각하기

### ❶ 알고리즘

① [실행(🏳)] 버튼을 클릭한 후 거울에 비친 숫자 스프라이트를 클릭합니다.

② 각 숫자가 거울에 비치기 전 모습으로 '테두리' 스프라이트 안에 보여집니다.

### ❷ 순서도

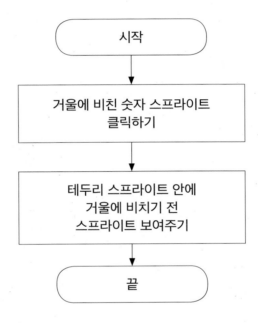

[18강] 폴더에서 '18강-거울에 비친 글자_예제.sb3' 파일을 엽니다.

### ❶ 거울에비친90 보여주기

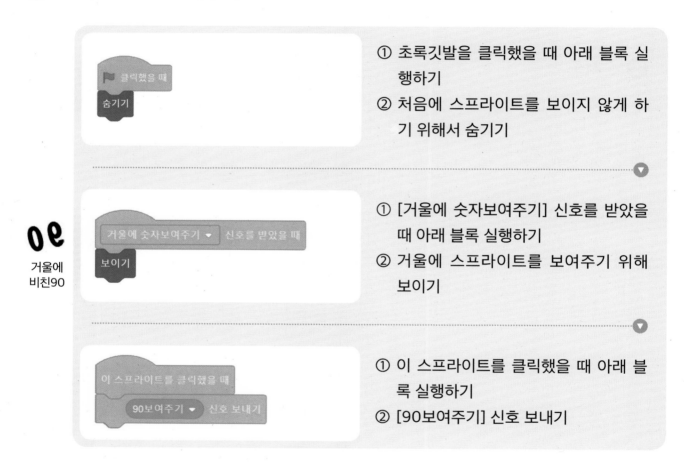

| | |
|---|---|
| 클릭했을 때 / 숨기기 | ① 초록깃발을 클릭했을 때 아래 블록 실행하기 <br> ② 처음에 스프라이트를 보이지 않게 하기 위해서 숨기기 |
| 거울에 숫자보여주기 ▾ 신호를 받았을 때 / 보이기 | ① [거울에 숫자보여주기] 신호를 받았을 때 아래 블록 실행하기 <br> ② 거울에 스프라이트를 보여주기 위해 보이기 |
| 이 스프라이트를 클릭했을 때 / 90보여주기 ▾ 신호 보내기 | ① 이 스프라이트를 클릭했을 때 아래 블록 실행하기 <br> ② [90보여주기] 신호 보내기 |

거울에
비친90

## ❷ 거울에비친42 보여주기

① 초록깃발을 클릭했을 때 아래 블록 실행하기
② 처음에 스프라이트를 보이지 않게 하기 위해서 숨기기

① [거울에 숫자보여주기] 신호를 받았을 때 아래 블록들 실행하기
② '1'초 기다리기
③ 거울에 스프라이트를 보여주기 위해 보이기

⑥ 이 스프라이트를 클릭했을 때 아래 블록 실행하기
⑦ [42보여주기] 신호 보내기

## ❸ 거울에비친15 보여주기

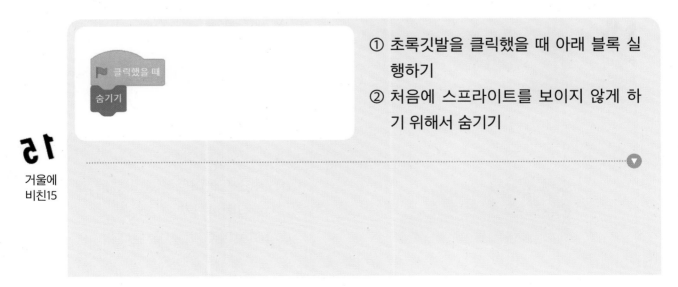

① 초록깃발을 클릭했을 때 아래 블록 실행하기
② 처음에 스프라이트를 보이지 않게 하기 위해서 숨기기

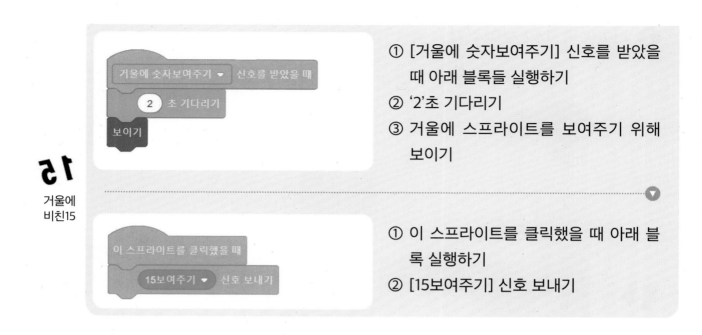

① [거울에 숫자보여주기] 신호를 받았을 때 아래 블록들 실행하기

② '2'초 기다리기

③ 거울에 스프라이트를 보여주기 위해 보이기

① 이 스프라이트를 클릭했을 때 아래 블록 실행하기

② [15보여주기] 신호 보내기

**15**
거울에
비친15

## ④ 거울에비친81 보여주기

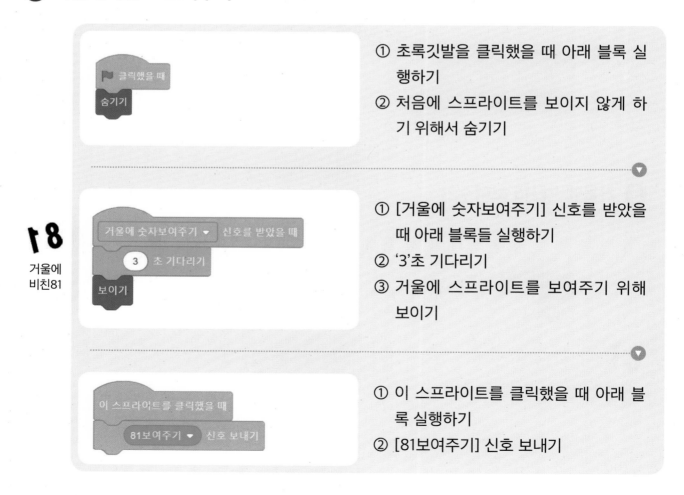

① 초록깃발을 클릭했을 때 아래 블록 실행하기

② 처음에 스프라이트를 보이지 않게 하기 위해서 숨기기

① [거울에 숫자보여주기] 신호를 받았을 때 아래 블록들 실행하기

② '3'초 기다리기

③ 거울에 스프라이트를 보여주기 위해 보이기

**81**
거울에
비친81

① 이 스프라이트를 클릭했을 때 아래 블록 실행하기

② [81보여주기] 신호 보내기

## ❺ 거울에 비치기 전 숫자90 보여주기

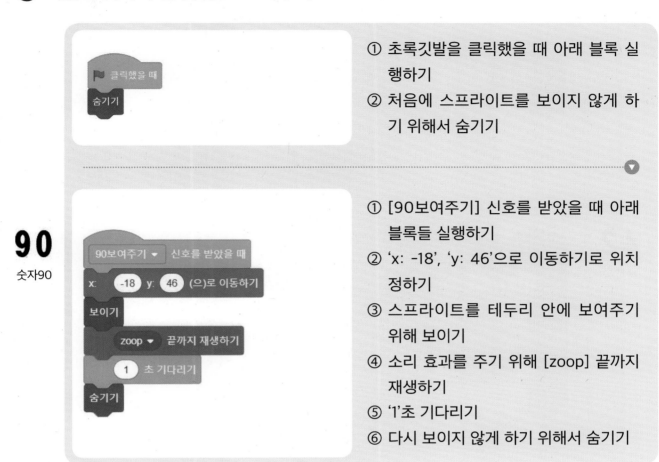

① 초록깃발을 클릭했을 때 아래 블록 실행하기
② 처음에 스프라이트를 보이지 않게 하기 위해서 숨기기

**90**
숫자90

① [90보여주기] 신호를 받았을 때 아래 블록들 실행하기
② 'x: -18', 'y: 46'으로 이동하기로 위치 정하기
③ 스프라이트를 테두리 안에 보여주기 위해 보이기
④ 소리 효과를 주기 위해 [zoop] 끝까지 재생하기
⑤ '1'초 기다리기
⑥ 다시 보이지 않게 하기 위해서 숨기기

| tip |

[소리 고르기]에서 [효과] 카테고리의 'zoop' 선택하기

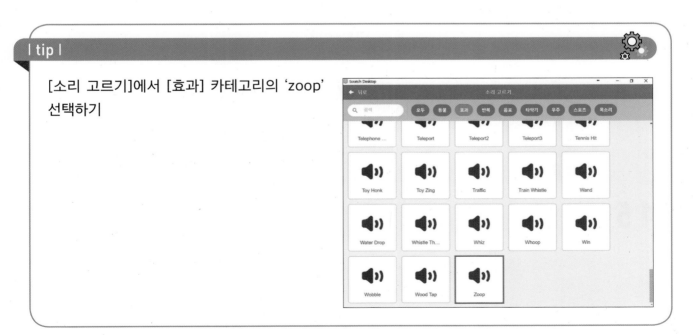

## ⑥ 거울에 비치기 전 숫자42 보여주기

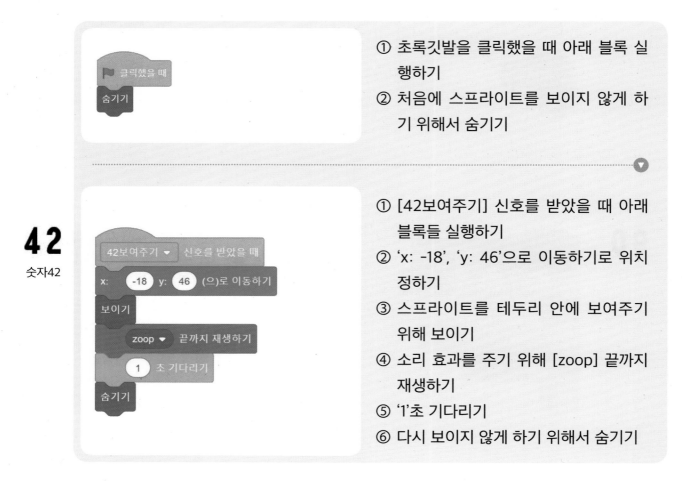

① 초록깃발을 클릭했을 때 아래 블록 실행하기
② 처음에 스프라이트를 보이지 않게 하기 위해서 숨기기

**42**
숫자42

① [42보여주기] 신호를 받았을 때 아래 블록들 실행하기
② 'x: -18', 'y: 46'으로 이동하기로 위치 정하기
③ 스프라이트를 테두리 안에 보여주기 위해 보이기
④ 소리 효과를 주기 위해 [zoop] 끝까지 재생하기
⑤ '1'초 기다리기
⑥ 다시 보이지 않게 하기 위해서 숨기기

## ❼ 거울에 비치기 전 숫자15 보여주기

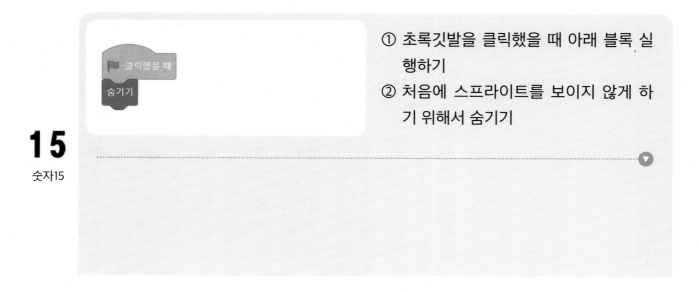

① 초록깃발을 클릭했을 때 아래 블록 실행하기
② 처음에 스프라이트를 보이지 않게 하기 위해서 숨기기

**15**
숫자15

**15**
숫자15

① [15보여주기] 신호를 받았을 때 아래 블록들 실행하기
② 'x: -18', 'y: 46'으로 이동하기로 위치 정하기
③ 스프라이트를 테두리 안에 보여주기 위해 보이기
④ 소리 효과를 주기 위해 [zoop] 끝까지 재생하기
⑤ '1'초 기다리기
⑥ 다시 보이지 않게 하기 위해서 숨기기

## ⑧ 거울에 비치기 전 숫자81 보여주기

① 초록깃발을 클릭했을 때 아래 블록 실행하기
② 처음에 스프라이트를 보이지 않게 하기 위해서 숨기기

**81**
숫자81

③ [81보여주기] 신호를 받았을 때 아래 블록들 실행하기
④ 'x: -18', 'y: 46'으로 이동하기로 위치 정하기
⑤ 스프라이트를 테두리 안에 보여주기 위해 보이기
⑥ 소리 효과를 주기 위해 [zoop] 끝까지 재생하기
⑦ '1'초 기다리기
⑧ 다시 보이지 않게 하기 위해서 숨기기

# ⑨ 테두리 코딩하기

① 초록깃발을 클릭했을 때 아래 블록들 실행하기
② 처음에 스프라이트를 보이지 않게 하기 위해서 숨기기
③ 크기를 '70'%로 정하기

① [90보여주기] 신호를 받았을 때 아래 블록 실행하기
② 보이기

테두리

① [42보여주기] 신호를 받았을 때 아래 블록 실행하기
② 보이기

① [15보여주기] 신호를 받았을 때 아래 블록 실행하기
② 보이기

① [81보여주기] 신호를 받았을 때 아래 블록 실행하기
② 보이기

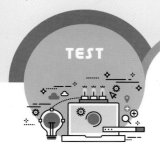

# 사고력 향상 문제

⊛ **예제 파일** : 18강-거울에 비친 글자_사고력향상_예제.sb2
⊛ **완성 파일** : 18강-거울에 비친 글자_사고력향상_완성.sb2

**❶** 'L', 'O', 'V', 'E' 글자 스프라이트를 거울에 비치는 모습으로 각각 표현해보세요.

**❷** '1', '2', '3', '4' 숫자 스프라이트를 거울에 비치는 모습으로 각각 표현해보세요.

| hint |

❶ 글자 스프라이트는 '스프라이트 저장소'에서 선택합니다.
❷ 숫자 스프라이트는 '스프라이트 저장소'에서 선택합니다.

# SECTION 19

# 이산화탄소 줄이기

지구 온난화로 인해 생태계 파괴와 기상 이변 등의 문제가 심각해지고 있습니다. 지구 온난화의 주범인 이산화탄소를 줄이기 위해 우리는 어떤 노력을 할 수 있을지 생각해봅니다.

⚙ **예제 파일** : 19강-이산화탄소 줄이기_예제.sb3
⚙ **완성 파일** : 19강-이산화탄소 줄이기_완성.sb3
⚙ **사용 방법** : 공장에서 배출된 이산화탄소($CO_2$)로 가득한 세상에서 나무를 키우면 산소($O_2$) 발생량이 증가하고, 이산화탄소($CO_2$)를 흡수하여 산소($O_2$)로 가득한 세상을 만들 수 있습니다.

## POINT 01 교과 내용 파악하기

### ❶ 교과 연계

6학년 과학 [여러 가지 기체]

### ❷ 교과 핵심 내용

① **이산화탄소($CO_2$)** : 탄산칼슘과 묽은 염산이 반응하여 발생하는 기체를 말합니다.

② **산소($O_2$)** : 산소는 생명체가 숨을 쉬고 살아가기 위해 꼭 필요한 물체입니다.

③ **이산화탄소를 줄여야 하는 이유** : 공기 중 이산화탄소의 양이 증가하면서 지구 온난화 현상으로 해수면 증가와 함께 기상 이변이 잦아지며 생태계가 불안정해집니다. 이러한 지구 온난화가 일어나는 가장 큰 원인은 이산화탄소의 증가이기 때문에 우리는 이산화탄소를 줄이려는 노력을 해야 합니다.

④ **이산화탄소를 줄이는 노력**
   - 나무를 많이 심어 녹색 식물의 광합성을 이용하기
   - 승용차 사용 줄이기
   - 쓰레기 줄이기

### ❸ 교과 핵심 확인 문제

다음에 공통으로 들어갈 말을 채우세요.

> 지구 온난화가 일어나는 가장 큰 원인은 (        )의 증가이기 때문에 우리는 (          )를 줄이려는 노력을 해야 합니다.

## POINT 02  생각하기

### ❶ 알고리즘

① [실행(🚩)] 버튼을 클릭하면 배경을 '이산화탄소 세상'으로 보여줍니다.

② '이산화탄소' 스프라이트가 '나무' 스프라이트 쪽으로 이동합니다.

③ '물조리개' 스프라이트를 클릭하여 새싹에 물을 주면 나무가 자라나며 이산화탄소는 사라지고, 산소가 발생합니다.

④ 배경이 '산소 세상'으로 바뀝니다.

### ❷ 순서도

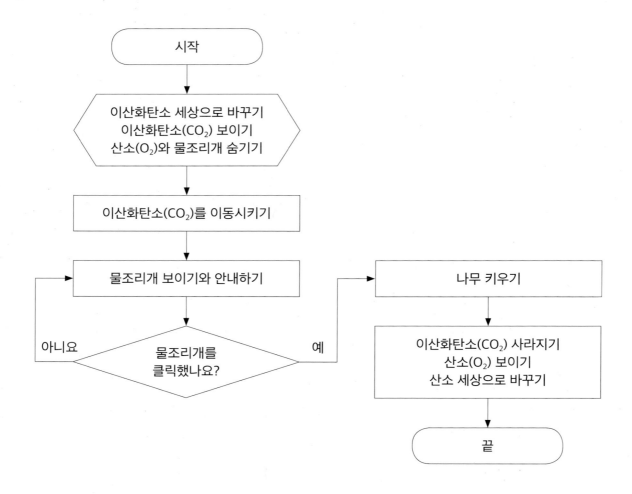

# 프로젝트 시작하기

[19강] 폴더에서 '19강-이산화탄소 줄이기_예제.sb3' 파일을 엽니다.

## ❶ 무대 설정하기

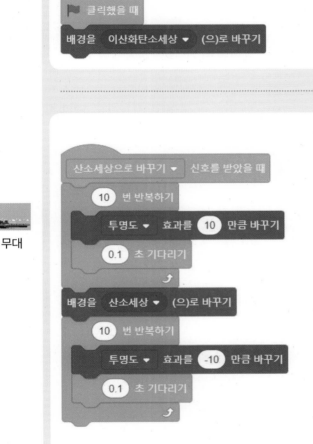

무대

① 초록깃발을 클릭했을 때 아래 블록 실행하기
② 배경을 [이산화탄소세상]으로 바꾸기

① [산소세상으로 바꾸기] 신호를 받았을 때 아래 블록들 실행하기
② 블록 안의 블록들 '10'번 반복하기
③ [이산화탄소세상] 배경을 서서히 없어지도록 투명도 효과를 '10'만큼 바꾸기
④ [투명도] 효과를 서서히 표현하기 위해 '0.1'초 기다리기
⑤ 무대에서 배경이 보이지 않을 때 배경을 [산소세상]으로 바꾸기
⑥ 블록 안의 블록들 '10'번 반복하기
⑦ 서서히 배경을 나타내기 위해 [투명도] 효과를 '-10'만큼 바꾸기
⑧ '0.1'초 기다리기

## ❷ 이산화탄소 설정하기

① 초록깃발을 클릭했을 때 아래 블록들 실행하기
② 'x: 3', 'y: -83'로 이동하기로 위치 정하기
③ 프로젝트 시작 때 보이기
④ '2'초 동안 'x: 41', 'y: -9'(위쪽 방향)로 이동하기
⑤ '4'초 동안 'x: 320', 'y: -9'(나무 위)로 이동하기
⑥ '1'초 기다리기
⑦ [물조리개 말하기] 신호 보내기

이산화탄소

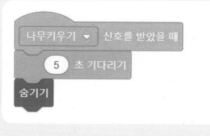

① [나무키우기] 신호를 받았을 때 아래 블록들 실행하기
② 나무가 자라나는 '5'초 기다리기
③ 무대에서 숨기기

① [산소세상으로 바꾸기] 신호를 받았을 때 아래 블록 실행하기
② 무대에서 숨기기

## ❸ 물조리개 설정하기

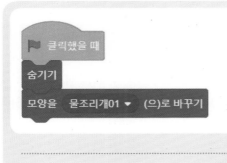

① 초록깃발을 클릭했을 때 아래 블록들 실행하기
② 프로젝트 시작 때 숨기기
③ 서 있는 모양인 [물조리개01]로 바꾸기

물조리개

① [물조리개 말하기] 신호를 받았을 때 아래 블록들 실행하기
② 이 신호를 받은 후 무대에 보이기
③ '이산화탄소를 줄이려면 나무를 심어서 잘 키워주세요.'를 '2'초 동안 말하기
④ '물조리개를 클릭하면 나무가 자라납니다.'를 '2'초 동안 말하기

① 이 스프라이트를 클릭했을 때 아래 블록들 실행하기
② 나무 자라나게 하는 [나무키우기] 신호 보내기
③ '10'번 반복하여 안쪽 블록들 실행하기
④ 나무가 자라나는 동안 물조리개 모양의 변화를 주기 위해서 다음 모양으로 바꾸기
⑤ 모양 변화를 보여주기 위해서 '0.5'초 기다리기
⑥ 반복 끝난 후 조리개 숨기기

# ❹ 나무 설정하기

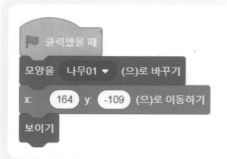

① 초록깃발을 클릭했을 때 아래 블록들 실행하기
② 모양을 [나무01](새싹)로 바꾸기
③ 'x: 164', 'y: -109'로 위치 정하기
④ 무대에서 보이기

나무

① [나무키우기] 신호를 받았을 때 아래 블록들 실행하기
② '3'번 반복하여 안쪽 블록들 실행하기
③ 다음 모양으로 바꾸기
④ 모양 변화를 보여주기 위해 '2'초 기다리기
⑤ [산소세상으로 바꾸기] 신호 보내기
⑥ 반복이 끝난 후 나무 숨기기

# ❺ 산소 설정하기

① 초록깃발을 클릭했을 때 아래 블록들 실행하기
② 크기를 '10'%로 정하기
③ 무대에서 숨기기

$O_2$
산소

① [나무키우기] 신호를 받았을 때 아래 블록들 실행하기
② 나무가 자라는 '4'초 동안 'x: -14', 'y: 67'(무대중앙)으로 이동하기
③ 블록 안의 블록들 '10'번 반복하기
④ '0.5'초 기다리기
⑤ 크기를 '10'만큼 바꾸기
⑥ 무대에서 보이기

TEST

# 사고력 향상 문제

⊛ **예제 파일** : 19강-이산화탄소 줄이기_완성.sb3
⊛ **완성 파일** : 19강-이산화탄소 줄이기_사고력향상_완성.sb3

❶ 무대의 스크립트에서 [산소세상으로 바꾸기 ▾ 신호를 받았을 때] 의 배경을 바꿀 때 [픽셀화]를 사용하여 수정하세요.

❷ '이산화탄소' 스프라이트를 선택한 후, [나무키우기 ▾ 신호를 받았을 때] 에서 '이산화탄소' 스프라이트가 서서히 사라지도록 스크립트를 수정하세요.

| hint |

❶ [형태] 팔레트의 [색깔 ▾ 효과를 25 만큼 바꾸기] 블록을 수정합니다.

❷ 무대 스크립트에서 [산소세상으로 바꾸기 ▾ 신호를 받았을 때] 블록을 참고하세요.

# SECTION 20

# 세포 게임

세포 게임은 세포가 영양분에 닿으면 세포 크기와 점수가 증가하고, 세균은 영양분에 닿으면 세균 크기와 점수가 감소합니다. 세포와 세균이 닿으면 점수를 비교하여 우승을 가리게 됩니다.

- ⚙ **예제 파일** : 20강-세포 게임_예제.sb3
- ⚙ **완성 파일** : 20강-세포 게임_완성.sb3
- ⚙ **사용 방법** : 영양분은 다양한 색으로 복제되고, 세균은 자동으로 움직여 세균 점수를 감소시키고 영양분은 삭제합니다. 세포가 영양분에 닿으면 크기가 증가합니다.

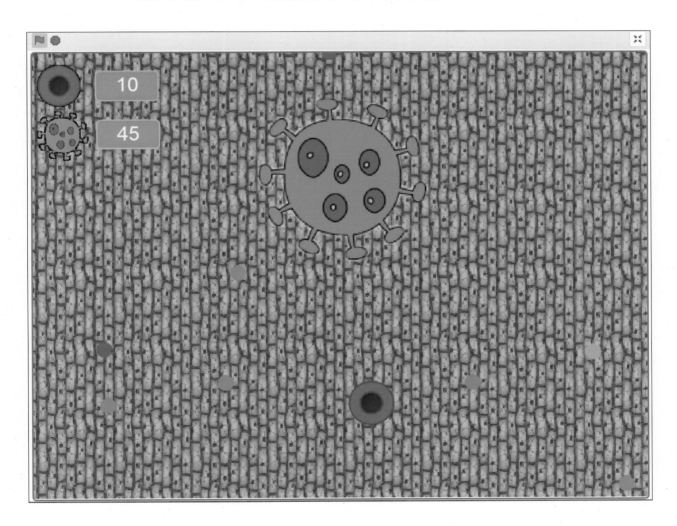

**교과 내용 파악하기**

**❶ 교과 연계**

6학년 과학 [식물의 구조와 기능]

**❷ 교과 핵심 내용**

① 식물세포

- 세포벽과 세포막으로 둘러싸여 있고 그 안에는 핵이 있습니다.
- 세포는 크기와 모양이 다양하고 그에 따라 하는 일도 다릅니다.

② 동물세포

- 세포막과 핵이 있고, 크기가 매우 작아 맨눈으로 관찰하기 어렵습니다.
- 세포벽이 없습니다.

**❸ 교과 핵심 확인 문제**

다음은 무엇에 대한 설명인지 써보세요. (          )

세포벽과 세포막으로 둘러싸여 있고 그 안에는 핵이 있으며 크기와 모양이 다양하고 그에 따라 하는 일도 다릅니다.

POINT 02 **생각하기**

**❶ 알고리즘**

① [실행(🏁)] 버튼을 클릭하면 배경에 영양분, 세포, 세균, 점수가 나타납니다.

② 영양분은 배경 전체에 다양한 색으로 복제되고, 세포에 닿으면 세포 점수를 증가하면서 삭제되고, 세균에 닿으면 세균 점수를 감소하면서 삭제됩니다.

③ 세균은 자동으로 움직이며 영양분에 닿으면 세균 크기와 점수가 감소하고, 세균 점수가 '0'이면 [game over] 배경이 나오면서 게임이 멈춥니다.

④ 세포는 마우스 포인터로 움직여 영양분에 닿으면 크기와 점수가 증가하고, 세포와 세균이 닿으면 세포 점수와 세균 점수를 비교하여 세포 점수가 많으면 [win] 배경이 나오고, 아니면 [game over] 배경이 나오면서 게임이 멈춥니다.

## ❷ 순서도

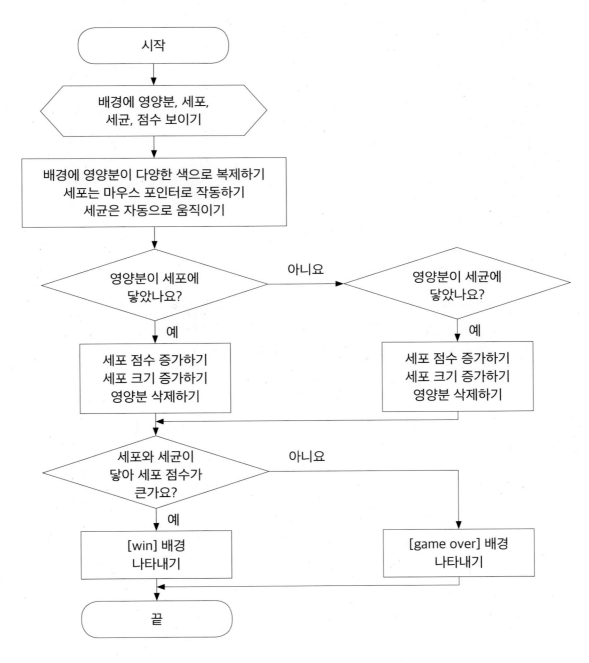

# POINT 03 프로젝트 시작하기

[20강] 폴더에서 '20강-세포 게임_예제.sb3' 파일을 엽니다.

## ❶ 영양분 선택하기

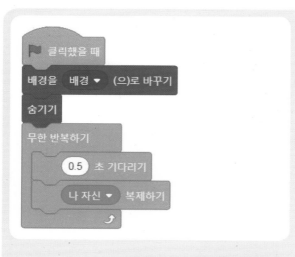

① 초록깃발을 클릭했을 때 아래 블록들 실행하기
② 배경을 [배경]으로 나타내고, 영양분 숨기기
③ 블록 안의 블록들 무한 반복하기
④ '0.5'초 기다린 후 [나 자신](영양분) 복제하기

영양분

① 복제되었을 때 아래 블록들 실행하기
② 'x: -240부터 240 사이의 난수', 'y: -180부터 180 사이의 난수'로 이동하기로 위치 정하기
③ [색깔] 효과를 '0부터 200 사이의 난수'로 바꾸고, 영양분 보이기

영양분

④ 변수 [세포점수] 만들기
⑤ 블록 안의 블록들을 무한 반복하기
⑥ 만약 [세포]에 닿았다면 변수 [세포점수]를 '1'만큼씩 바꾸고, 영양분이 계속 나오게 하기 위해 복제된 영양분을 삭제하기
⑦ 변수 [세균점수] 만들기
⑧ 만약 [세균]에 닿았다면 변수 [세균점수]를 '-1'만큼씩 바꾸고, 영양분이 계속 나오게 하기 위해 복제된 영양분을 삭제하기

## ❷ 세포 선택하기

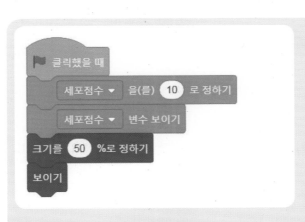

세포

① 초록깃발을 클릭했을 때 아래 블록들 실행하기
② 변수 [세포점수]의 초기값을 '10'으로 정하고, 변수값 보이기
③ 크기를 '50'%로 정하고, 세포 보이기

④ 블록 안의 블록들을 무한 반복하기
⑤ 세포를 [마우스 포인터] 위치로 이동하기
⑥ 세포 크기를 바꾸기 위해 신호 보내기 [세포크기] 만들기
⑦ 세균에 닿으면 점수를 비교하기 위해 신호 보내기 [세균감염] 만들기
⑧ [세포크기] 신호 보내기
⑨ [세균감염] 신호 보내기

세포

① [세포크기] 신호를 받았을 때 아래 블록들 실행하기
② 영양분에 닿았는지 확인하기 위해 블록 안의 블록들을 무한 반복하기
③ 만약 [영양분]에 닿았다면 크기를 '1'만큼씩 바꾸기

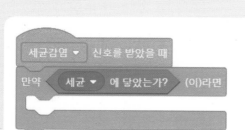

① [세균감염] 신호를 받았을 때 아래 블록들 실행하기
② 만약 [세균]에 닿았다면 블록 안의 블록들 실행하기

③ 점수 비교를 위해 [세균점수]가 [세포점수]보다 작다면 아래 블록들 실행하기

④ 신호 보내기 [win] 만들기

⑤ [win] 신호 보내기

⑥ 신호 보내기 [game over] 만들기

⑦ 작지 않다면 [game over] 신호 보내기

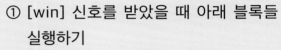

세포

① [win] 신호를 받았을 때 아래 블록들 실행하기

② 배경을 [win]으로 나타내기

③ [세포점수] 변수 숨기기

④ [세균점수] 변수 숨기기

⑤ 세균을 멈추기 위해 신호 보내기 [게임끝] 만들기

⑥ [게임끝] 신호 보내기

⑦ 세포 숨기기

① [game over] 신호를 받았을 때 아래 블록들 실행하기

② 배경을 [game over]로 나타내기

③ [세포점수] 변수 숨기기

④ [세균점수] 변수 숨기기

⑤ 세균을 멈추기 위해 신호 보내기 [게임끝] 만들기

⑥ [게임끝] 신호 보내기

⑦ 세포 숨기기

## ❸ 세균 선택하기

① 초록버튼을 클릭했을 때 아래 블록들 실행하기
② 변수 [세균점수]의 초기값을 '50'으로 정하고, 변수값 보이기
③ 크기를 '100'%로 정하고, 세균 보이기

세균

④ 블록 안의 블록들을 무한 반복하기
⑤ 'x: -240', 'y: -180부터 180 사이의 난수'에서 '3'초 동안 'x: 240', 'y: -180부터 180 사이의 난수'로 위치 이동하기
⑥ 세균 크기를 바꾸기 위해 신호 보내기 [세균크기] 만들기
⑦ 세균이 없음을 나타내기 위해 신호 보내기 [세균박멸] 만들기
⑧ [세균크기] 신호 보내기
⑨ [세균박멸] 신호 보내기

① [세균크기] 신호를 받았을 때 아래 블록들 실행하기
② 영양분에 닿았는지 계속 확인하기 위해 블록 안의 블록 무한 반복하기
③ 만약 <영양분>에 닿았다면 크기를 '-2' 만큼씩 바꾸기

세균

① [세균박멸] 신호를 받았을 때 아래 블록들 실행하기
② 만약 변수 [세균점수]가 '0'이라면 [win] 신호 보내기

① [게임끝] 신호를 받았을 때 아래 블록들 실행하기
② 세균 숨기기
③ 모든 스크립트 멈추기

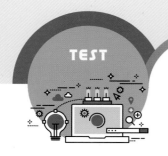

# 사고력 향상 문제

⚙ **예제 파일** : 20강-세포 게임_완성.sb3
⚙ **완성 파일** : 20강-세포 게임_사고력향상_완성.sb3

① 세포 점수가 30초과라면 세포 크기를 작게 해보세요.

② 세포 점수가 30초과라면 세포를 3번 복제하여 x, y 위치를 이동해보세요.

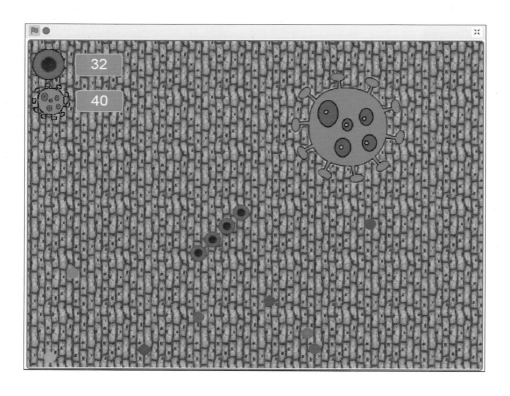

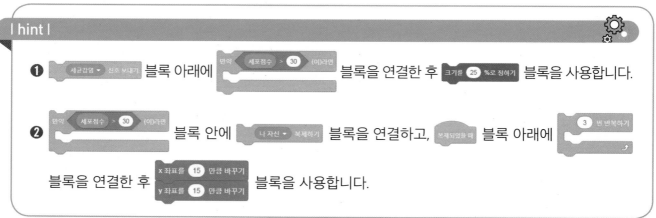

| hint |

❶ [세균감염 ▾ 신호 보내기] 블록 아래에 [만약 〈세포점수 > 30〉 (이)라면] 블록을 연결한 후 [크기를 25 %로 정하기] 블록을 사용합니다.

❷ [만약 〈세포점수 > 30〉 (이)라면] 블록 안에 [나 자신 ▾ 복제하기] 블록을 연결하고, [복제되었을 때] 블록 아래에 [3 번 반복하기] 블록을 연결한 후 [x 좌표를 15 만큼 바꾸기] [y 좌표를 15 만큼 바꾸기] 블록을 사용합니다.

# 스크래치의 명령 블록

## ❶ [동작] 팔레트

스프라이트의 움직임, 이동, 방향을 바꿀 수 있는 명령 블록의 모음

| 블록 | 설명 |
| --- | --- |
| 10 만큼 움직이기 | 입력된 값만큼 이동하기 |
| 방향으로 15 도 돌기 | 입력된 각도만큼 오른쪽으로 회전하기 |
| 방향으로 15 도 돌기 | 입력된 각도만큼 왼쪽으로 회전하기 |
| 랜덤 위치 ▾ (으)로 이동하기 | 무작위로 x, y 위치로 이동하기 |
| x 0 y 0 (으)로 이동하기 | 입력한 x, y 위치로 이동하기 |
| 1 초 동안 랜덤 위치 ▾ (으)로 이동하기 | 일정 시간 동안 무작위로 x, y 위치로 이동하기 |
| 1 초 동안 x 0 y 0 (으)로 이동하기 | 일정 시간 동안 입력한 x, y 위치로 이동하기 |
| 90 도 방향 보기 | 입력된 각도로 지정한 방향 보기<br>(90) 오른쪽, (-90) 왼쪽, (0) 위쪽, (180) 아래쪽 |
| 마우스 포인터 ▾ 쪽 보기 | 마우스 포인터나 지정된 스프라이트 쪽 보기 |
| x좌표를 10 만큼 바꾸기 | 입력된 값만큼 왼쪽(음수), 오른쪽(양수)으로 이동하기 |
| x좌표를 0 (으)로 정하기 | x좌표를 입력된 위치로 이동하기 |
| y좌표를 10 만큼 바꾸기 | 입력된 값만큼 위쪽(양수), 아래쪽(음수)으로 이동하기 |
| y좌표를 0 (으)로 정하기 | y좌표를 입력된 위치로 이동하기 |
| 벽에 닿으면 튕기기 | 벽에 닿으면 반대 방향으로 방향 전환하기 |
| 회전 방식을 왼쪽-오른쪽 ▾ (으)로 정하기 | 회전 방식을 지정하기 |

| 블록 | 설명 |
|---|---|
| x 좌표 | x좌표 값을 나타내기 |
| y 좌표 | y좌표 값을 나타내기 |
| 방향 | 방향 값을 나타내기 |

## ❷ [형태] 팔레트

스프라이트에 크기나 색깔 등의 변화를 주어 모양을 다양하게 바꿀 수 있는 명령 블록의 모음

| 블록 | 설명 |
|---|---|
| 안녕! 을(를) 2 초 동안 말하기 | 입력한 글자를 입력한 시간 동안 말하기 |
| 안녕! 말하기 | 입력한 글자를 말하기 |
| 음... 을(를) 2 초 동안 생각하기 | 입력한 글자를 입력한 시간 동안 생각하기 |
| 음... 생각하기 | 입력한 글자를 생각하기 |
| 모양을 모양 1 ▼ (으)로 바꾸기 | 모양을 지정한 모양으로 바꾸기 |
| 다음 모양으로 바꾸기 | 모양을 다음 모양으로 바꾸기 |
| 배경을 배경 1 ▼ (으)로 바꾸기 | 배경을 지정한 배경으로 바꾸기 |
| 크기를 10 만큼 바꾸기 | 크기를 현재 크기에서 입력한 만큼 바꾸기 |
| 다음 배경으로 바꾸기 | 배경을 다음 배경으로 바꾸기 |
| 색깔 ▼ 효과를 25 만큼 바꾸기 | 효과를 지정한 값만큼 바꾸기 |
| 크기를 100 %로 정하기 | 원래 크기에서 지정한 %로 정하기 |
| 색깔 ▼ 효과를 0 (으)로 정하기 | 효과를 지정한 값으로 정하기 |
| 그래픽 효과 지우기 | 모든 그래픽 효과를 지우기 |

| 블록 | 설명 |
| --- | --- |
| 보이기 | 스프라이트를 무대에서 보이기 |
| 숨기기 | 스프라이트를 무대에서 숨기기 |
| 맨 앞쪽 ▼ 으로 순서 바꾸기 | 스프라이트가 겹쳐 있을 때 맨 앞쪽으로 순서 바꾸기 |
| 앞으로 ▼ 1 단계 보내기 | 스프라이트가 겹쳐 있을 때 입력한 숫자만큼 앞으로 보내기 |
| 모양 번호 ▼ | 스프라이트의 모양 번호 표시하기 |
| 배경 번호 ▼ | 배경의 번호 표시하기 |
| 크기 | 스프라이트의 크기 표시하기 |

## ❸ [소리] 팔레트

소리를 지정해서 재생하거나, 음 높이 효과를 바꾸는 명령 블록의 모음

| 블록 | 설명 |
| --- | --- |
| 야옹 ▼ 끝까지 재생하기 | 지정된 소리를 멈추기 전까지 끝까지 재생하기 |
| 야옹 ▼ 재생하기 | 지정된 소리를 한 번 재생하기 |
| 모든 소리 끄기 | 모든 소리를 정지하기 |
| 음 높이 ▼ 효과를 10 만큼 바꾸기 | 음의 높이 효과를 입력한 수만큼 바꾸기 |
| 음 높이 ▼ 효과를 100 로 정하기 | 음의 높이 효과를 입력한 수만큼 정하기 |
| 소리 효과 지우기 | 모든 소리 효과를 지우기 |
| 음량을 -10 만큼 바꾸기 | 현재 음량에서 입력한 수만큼 바꾸기 |
| 음량을 100 % 로 정하기 | 음량을 입력한 수만큼 %로 정하기 |
| 음량 | 음량이 얼마인지 값으로 나타내기 |

## ❹ [이벤트] 팔레트

특정 조건에 맞는 사건이 발생했을 때 블록에 연결된 스크립트를 실행하는 명령 블록의 모음

| 블록 | 설명 |
|---|---|
| 클릭했을 때 | [실행( )] 버튼을 클릭했을 때 블록에 연결된 스크립트를 실행하기 |
| 스페이스 ▾ 키를 눌렀을 때 | 키보드에 있는 특정한 키를 눌렀을 때 블록에 연결된 스크립트를 실행하기 |
| 이 스프라이트를 클릭했을 때 | 스프라이트를 클릭했을 때 블록에 연결된 스크립트를 실행하기 |
| 배경이 배경 1 ▾ (으)로 바뀌었을 때 | 지정한 배경으로 바뀌었을 때 블록에 연결된 스크립트를 실행하기 |
| 음량 ▾ > 10 일 때 | 지정된 기능(음량, 타이머) 등이 지정된 값보다 클 때 블록에 연결된 스크립트를 실행하기 |
| 메시지1 ▾ 신호를 받았을 때 | 신호를 받았을 때 블록에 연결된 스크립트를 실행하기 |
| 메시지1 ▾ 신호 보내기 | 스프라이트에 지정된 메시지 신호 보내기 |
| 메시지1 ▾ 신호 보내고 기다리기 | 스프라이트에 지정된 메시지 신호를 보내고 기다리기 |

## ❺ [제어] 팔레트

반복 또는 조건에 따라 다른 기능을 실행하거나 복제 등을 할 때 복제를 할 때 사용하는 명령 블록의 모음

| 블록 | 설명 |
|---|---|
| ① 초 기다리기 | 지정된 시간동안 기다리기 |
| 10 번 반복하기 | 블록 안의 스크립트를 정해진 횟수만큼 반복하기 |
| 무한 반복하기 | 블록 안의 스크립트를 무한 반복하기 |
| 만약 (이)라면 | 만약 [조건]이 '참'이라면 블록 안의 스크립트를 실행하기 |
| 만약 (이)라면 아니면 | 만약 [조건]이 '참'이라면 첫 번째 스크립트를 실행하고, [조건]이 참이 아니라면 두 번째 스크립트를 실행하기 |
| 까지 기다리기 | [조건]이 '참'이 될 때까지 기다리기 |
| 까지 반복하기 | [조건]이 '참'이 될 때까지 블록 안의 스크립트를 반복하기 |
| 멈추기 모두 ▾ | 조건에 따라 해당 범위의 스크립트 멈추기 |
| 복제되었을 때 | 스프라이트가 복제 되었을 때 블록에 연결된 스크립트 실행하기 |
| 나 자신 ▾ 복제하기 | 스프라이트를 복제하기(복제는 최대 301개) |
| 이 복제본 삭제하기 | 복제된 스프라이트를 삭제하기 |

## ⑥ [감지] 팔레트

조건이나 스프라이트의 상태에 대한 값을 감지할 때 사용하는 명령 블록의 모음

| 블록 | 설명 |
|---|---|
| 마우스 포인터 ▼ 에 닿았는가? | 스프라이트가 마우스 포인터, 벽, 다른 스프라이트 등에 닿았을 경우 '참' 값을 반환하기 |
| 색에 닿았는가? | 스프라이트가 특정색에 닿았을 경우 '참' 값을 반환하기 |
| 색이 색에 닿았는가? | 스프라이트의 앞의 색이 뒤의 색에 닿았을 경우 '참' 값을 반환하기 |
| 마우스 포인터 ▼ 까지의 거리 | 지정한 항목까지의 거리를 값으로 나타내기 |
| What's your name? 라고 묻고 기다리기 | 입력된 문장을 스프라이트가 말하기로 질문을 하고 대답을 사용자로부터 입력 받을 수 있는 대화창 나타내기 |
| 대답 | What's your name? 라고 묻고 기다리기 블록을 통해서 생성된 대화창에 입력된 값 나타내기 |
| 스페이스 ▼ 키를 눌렀는가? | 특정한 키를 눌렀다면 '참' 값을 반환하기 |
| 마우스를 클릭했는가? | 마우스를 클릭하면 '참' 값을 반환하기 |
| 마우스의 x좌표 | 마우스의 x좌표 값을 나타내기 |
| 마우스의 y좌표 | 마우스의 y좌표 값을 나타내기 |
| 드래그 모드를 드래그 할 수 있는 ▼ 상태로 정하기 | 전체 화면으로 실행 시 스프라이트를 드래그를 할 수 있거나 없게 모드 정하기 |
| 음량 | 음량의 값을 나타내기 |
| 타이머 | 타이머의 값을 나타내기 |
| 타이머 초기화 | 타이머를 초기화하기 |
| 무대 ▼ 의 배경 번호 ▼ | 무대의 배경 번호 나타내기 |

| 블록 | 설명 |
|---|---|
| 현재 년 ▼ | 현재 년, 월, 일 등을 나타내기 |
| 2000년 이후 현재까지 날짜 수 | 2000년 이후의 일수를 나타내기 |
| 사용자 이름 | 사용자 이름을 나타내기 |

## ❼ [연산] 팔레트

숫자 계산이나 등호와 부등호를 이용한 논리 값 비교 및 문자열 결합할 때 사용하는 명령 블록의 모음

| 블록 | 설명 |
|---|---|
| ◯ + ◯ | 첫 번째 수와 두 번째 수를 더하기 |
| ◯ - ◯ | 첫 번째 수와 두 번째 수를 빼기 |
| ◯ × ◯ | 첫 번째 수와 두 번째 수를 곱하기 |
| ◯ ÷ ◯ | 첫 번째 수와 두 번째 수를 나누기 |
| 1 부터 10 사이의 난수 | 첫 번째 수와 두 번째 수 사이에서 무작위로 숫자를 결정하기 |
| ◯ > 50 | 첫 번째 수가 두 번째 수보다 크다면 '참' 값을 반환하기 |
| ◯ < 50 | 첫 번째 수가 두 번째 수보다 작다면 '참' 값을 반환하기 |
| ◯ = 50 | 첫 번째 수와 두 번째 수가 같다면 '참' 값을 반환하기 |
| 그리고 | 양쪽 조건이 모두 '참'일 때 '참' 값을 반환하기 |
| 또는 | 한쪽 조건만 '참'이어도 '참' 값을 반환하기 |

| 블록 | 설명 |
| --- | --- |
| 이(가) 아니다 | '참'이면 '거짓'을, '거짓'이면 '참'을 반환하기 |
| apple 와(과) banana 결합하기 | 첫 번째 문자와 두 번째 문자를 결합해서 나타내기 |
| apple 의 1 번째 글자 | 문자의 특정 위치의 글자를 나타내기 |
| apple 의 길이 | 문자의 길이를 나타내기 |
| apple 이(가) a 을(를) 포함하는가? | 문자에 특정 글자가 포함되었다면 '참' 값을 반환하기 |
| 나누기 의 나머지 | 첫 번째 수를 두 번째 수로 나누었을 때의 나머지 값을 나타내기 |
| 의 반올림 | 지정한 수를 반올림해서 나타내기 |
| 절댓값 ▼ ( ) | 지정한 수를 다양한 함수로 계산하여 나타내기 |

## ❽ [변수] 팔레트

어떤 값을 저장하는 장소인 변수를 만들고, 활용할 때 사용하는 명령 블록의 모음

| 블록 | 설명 |
| --- | --- |
| 나의 변수 | 변수의 값을 나타내기 |
| 나의 변수 ▼ 을(를) 0 로 정하기 | 변수에 숫자 값이나 문자 값을 정하기 |
| 나의 변수 ▼ 을(를) 1 만큼 바꾸기 | 변수값을 지정한 값만큼 바꾸기 |
| 나의 변수 ▼ 변수 보이기 | 무대에 변수값 보이기 |
| 나의 변수 ▼ 변수 숨기기 | 무대에 변수값 숨기기 |

## ❾ [리스트] 팔레트

어떤 값을 순서대로 저장하는 리스트를 만들고, 활용할 때 사용하는 명령 블록의 모음

| 블록 | 설명 |
| --- | --- |
| 리스트 | 리스트의 모든 값을 나타내기 |
| 항목 을(를) 리스트 ▼ 에 추가하기 | 주어진 항목을 리스트의 맨 마지막에 새로 추가하기 |
| 1 번째 항목을 리스트 ▼ 에서 삭제하기 | 리스트의 특정 순서에 해당되는 항목 삭제하기 |
| 리스트 ▼ 의 항목을 모두 삭제하기 | 리스트의 모든 항목 삭제하기 |
| 1 을(를) 리스트 ▼ 리스트의 1 번째에 넣기 | 입력한 값을 리스트의 특정 순서에 추가하기 |
| 리스트 ▼ 리스트의 1 번째 항목을 1 으로 바꾸기 | 리스트의 특정 순서에 해당되는 항목 값을 입력한 값으로 바꾸기 |
| 리스트 ▼ 리스트의 1 번째 항목 | 리스트의 입력한 순서에 있는 항목의 값을 나타내기 |
| 리스트 ▼ 리스트에서 항목 항목의 위치 | 입력한 항목 값의 위치 값을 나타내기 |
| 리스트 ▼ 의 길이 | 리스트가 가진 항목 수를 나타내기 |
| 리스트 ▼ 이(가) 항목 을(를) 포함하는가? | 리스트가 입력된 항목 값을 포함하고 있으면 '참' 값을 반환하기 |
| 리스트 ▼ 리스트 보이기 | 리스트를 무대에 보여주기 |
| 리스트 ▼ 리스트 숨기기 | 리스트를 무대에 숨기기 |

## ⑩ [펜] 팔레트

글씨를 쓰거나 그림을 그릴 때 사용하는 명령 블록의 모음

| 블록 | 설명 |
|---|---|
| 모두 지우기 | 그림과 도장을 모두 지우기 |
| 도장찍기 | 스프라이트의 모양을 도장처럼 찍기 |
| 펜 내리기 | 펜으로 그리기 위해 준비하기 |
| 펜 올리기 | 펜으로 그리기를 멈추기 |
| 펜 색깔을 ● (으)로 정하기 | 펜 색깔을 정하기 |
| 펜 색깔 ▼ 을(를) 10 만큼 바꾸기 | 펜 색깔을 입력한 수만큼 바꾸기 |
| 펜 색깔 ▼ 을(를) 50 (으)로 정하기 | 펜 색깔을 입력한 수로 정하기 |
| 펜 굵기를 1 만큼 바꾸기 | 펜의 굵기를 입력한 수만큼 바꾸기 |
| 펜 굵기를 1 (으)로 정하기 | 펜의 굵기를 입력한 수로 정하기 |

## ⑪ [음악] 팔레트

악기와 타악기를 연주할 수 있는 명령 블록의 모음

| 블록 | 설명 |
| --- | --- |
| (1) 스네어 드럼 ▼ 번 타악기를 0.25 박자로 연주하기 | 18개의 타악기 중 하나를 지정한 박자로 연주하기 |
| 0.25 박자 쉬기 | 지정한 박자만큼 연주 쉬기 |
| 60 번 음을 0.25 박자로 연주하기 | 131가지 음 중 하나를 지정한 박자로 연주하기 |
| 악기를 (1) 피아노 ▼ (으)로 정하기 | 21개의 악기 중 하나를 정하기 |
| 빠르기를 60 (으)로 정하기 | 빠르기를 입력한 수로 정하기 |
| 빠르기를 20 만큼 바꾸기 | 빠르기를 입력한 수만큼 바꾸기 |
| 빠르기 | 빠르기 값을 나타내기 |

## 스크래치야!
## 과학이랑 놀자 3.0

**1판 1쇄 발행** 2019년 8월 31일

**저　　자** | 김미의, 김현정, 이미향
**발 행 인** | 김길수
**발 행 처** | (주)영진닷컴
**주　　소** | 서울시 금천구 가산디지털2로 123
　　　　　　월드메르디앙벤처센터2차 10층 1016호 (우)08505
**등　　록** | 2007. 4. 27. 제16-4189호

ⓒ 2019. (주)영진닷컴
**ISBN** 978-89-314-6141-1